LES ARABES

ET

LA COLONISATION EN ALGÉRIE

PARIS. — TYPOGRAPHIE A. POUGIN, 13, QUAI VOLTAIRE. — 4130

LES ARABES

ET

LA COLONISATION EN ALGÉRIE

PARIS

IMPRIMERIE TYPOGRAPHIQUE DE A. POUGIN

13, QUAI VOLTAIRE, 13

—

1873

INTRODUCTION

Initié depuis ma première jeunesse aux mœurs, aux usages et aux habitudes des Arabes, j'ai pensé qu'une longue expérience des hommes et des choses de l'Orient m'autorisait à apporter mon humble tribut à la cause algérienne.

On peut différer d'opinion et de sentiment sur les moyens à employer pour rallier les Arabes à la civilisation ; mais, tout en rendant hommage aux efforts des hommes éminents qui ont tenté cette œuvre difficile, il est un point sur lequel tout le monde est d'accord aujourd'hui : la nécessité de faire mieux, ou autrement que ce qui a été fait, et, surtout, d'adopter fermement un système, d'y persévérer, de sortir enfin des tâtonnements, des contradictions, des essais qui ont coûté si cher, et qui ont paralysé tant de fois les plus sérieuses entreprises.

Ce mémoire a trois parties.

Dans la première, nous nous attachons à démontrer avec une franchise qui n'admet pas de demi-teintes, que l'antipathie invétérée des Arabes pour les Européens est dans le sang, et sucée avec le lait ; que cette répulsion est fondée sur des sentiments religieux, ayant le Coran pour prétexte, mais attisée depuis des siècles, et soigneusement entretenue par les prêtres et les commentateurs musulmans. Rien d'efficace n'a été tenté jusqu'ici pour triompher de ces

1

haines invincibles, ou plutôt on en a toujours combattu les effets, sans se préoccuper jamais d'en modifier les causes.

En lisant cette partie du mémoire, on pourrait croire que l'Arabe est à tout jamais réfractaire à la civilisation, et que l'islamisme est une plaie inguérissable. C'est l'histoire lamentable du passé, mais qu'il nous semble réservé à la diplomatie européenne de ne plus léguer à l'avenir comme un fatal héritage.

Dans la seconde partie de notre mémoire, nous exprimons cette espérance que l'islamisme peut être modifié par l'islamisme, qu'on peut réagir contre le Coran au nom du Coran, et contre le fanatisme des mahométans au nom de Mahomet.

Ce qui est resté stationnaire depuis plus de douze cents ans ne peut résister au mouvement civilisateur : c'est là une vérité presque mathématique.

Nous croyons donc possible, — sans que la main de l'Europe s'y laisse trop voir, — de provoquer, d'inspirer à Constantinople et dans les divers royaumes de l'Islam, la réunion d'un congrès musulman. Les Ulémas les plus vénérés, les principales notabilités religieuses s'entendraient pour fixer la véritable doctrine, détournée des intentions du Prophète lui-même par des commentateurs fanatiques; et pour rechercher dans une interprétation nouvelle, non du Coran, mais des commentaires, — car ce livre est, suivant les musulmans, la parole de Dieu et non celle du prophète, — les éléments d'une conciliation, moins encore des diverses croyances entre elles que des peuples entre eux.

Au lieu de demander aux institutions chrétiennes des réformes que leur origine rend odieuses et suspectes aux musulmans; qui, par cela même, compromettent les princes éclairés auxquels elles sont dues, et affaiblissent l'obéissance et le respect de leurs sujets, ne serait-il pas plus logique de leur conseiller de recourir désormais au

Coran seul, c'est-à-dire à une action purement religieuse, pour triompher d'obstacles exclusivement religieux?

Le texte du Coran se prêterait à une interprétation plus tolérante, et, grâce aux apparentes contradictions dont il fourmille, les docteurs, réunis en congrès, pourraient les concilier par un nouveau commentaire. Une sorte de constitution nouvelle, de code nouveau, pourrait aisément en sortir. Ce code aurait l'avantage, provenant d'une source musulmane, d'être adopté sans résistance par les musulmans à qui répugnent et devaient répugner toutes tentatives d'origine européenne et chrétienne.

Les représentants du vieux système musulman avaient éternisé le fanatisme. Aux prêtres, aux docteurs musulmans, le soin désormais de le modérer, de le calmer, de l'éteindre.

Une pareille œuvre demanderait assurément beaucoup de temps, de patience et de mesure. Elle exigerait un travail préliminaire de négociation, et d'autant plus de tact et de délicatesse qu'il importerait d'en laisser le principal mérite d'initiative aux souverains orientaux et principalement au sultan de Constantinople, investi, comme descendant des califes, d'un pouvoir spirituel sur une grande partie du monde islamique.

Seuls, ces princes compétents pourraient provoquer la constitution, la réunion de ce concile ayant pour résultat, possible selon nous, d'opérer une transformation morale de la société orientale. Après le congrès sanitaire où nous avons vu, il y a quelques années, figurer sans désavantage les délégués de l'islamisme, ce concile serait, croyons-nous, le moyen le plus rationnel de ramener à la tolérance, de conquérir à la civilisation et de réconcilier sérieusement avec l'Europe toutes ces populations ignorantes et fanatiques : elles ne connaissent du *Livre incréé* que les interprétations sanguinaires des ulémas.

Le dernier mot de la question ne peut être celui d'un de nos anciens consuls généraux en Orient, concluant à l'anéantissement de la race musulmane, ni celui d'un spirituel académicien qui considérait les Arabes « *comme des anthropophages mangeant avec des fourchettes.* »

Il ne nous est pas démontré non plus que les Arabes, en dépit de leur fanatisme et de leurs préjugés sauvages, aient été mis hors la loi par la Providence.

Dans la troisième et dernière partie de notre Mémoire, nous indiquons les moyens pratiques qui nous semblent les plus propres à seconder l'œuvre de nos colons algériens; à étendre la superficie aujourd'hui insuffisante de leurs terres si imprudemment abandonnées aux Arabes; à garantir leurs propriétés et leur sécurité; à sillonner l'Algérie de routes et de chemins de fer; à la délimiter en trois zones distinctes; à rendre enfin plus puissant, plus décisif pour la colonie, plus avantageux pour elle-même, le concours de notre brave armée, tout en fortifiant l'action salutaire de l'administration civile.

LES ARABES

ET

LA COLONISATION EN ALGÉRIE

PREMIÈRE PARTIE

Je ne crois pas possible, si l'on persévère dans les anciens errements, qu'un gouvernement chrétien inspire jamais de la sympathie aux Arabes.

La religion musulmane, et surtout les préjugés d'un fanatisme aveugle, s'y opposent.

Ces préjugés, enracinés dans le cœur des Arabes, sont beaucoup moins l'ouvrage du Coran même que de ses commentateurs, nés à une époque de violences religieuses et de propagande armée.

Les Arabes n'ont pas fait un pas dans la voie de la tolérance sincère ni de la civilisation véritable; tels ils étaient, tels ils sont encore; ils méprisent et abhorrent les chrétiens. Le Coran le veut, croient–ils.

Et plus ils sont religieux, plus invétérés sont ces

sentiments d'indomptable répulsion, car c'est la religion qu'ils professent qui les leur a enracinés dans l'âme.

Le musulman de bonne foi, mais non éclairé, s'ouvrant sans réserve, vous avouera que ses coreligionnaires ne peuvent ni ne doivent aimer les dominateurs infidèles, moins encore se soumettre à eux sans restriction, et sans une arrière-pensée permanente de trahison et de révolte.

L'Arabe ne se fondra jamais avec l'élément européen, aussi longtemps que ses prêtres le lui interdiront.

Envahi par la civilisation, il n'en prendra que les vices.

Si l'Arabe se sent le plus faible, il cède et il baise la main qu'il ne peut couper, mais en attendant l'heure ou les circonstances qui lui permettront d'appliquer cet autre précepte du Coran : *Le sabre ou l'islamisme.*

La guerre sainte est le but où tendent ·tous les vœux, tous les efforts de l'Arabe. Cette guerre aux infidèles ne doit-elle pas faire rentrer les vrais croyants dans tous les biens de la terre qu'ils prétendent leur appartenir?

Cette conviction l'absout à l'avance et lui fait juger méritoire, aux yeux de Dieu, toutes les spoliations, les vengeances et les cruautés commises contre ceux qui ne partagent pas sa foi.

Avare et cupide, l'Arabe ne cesse d'enfouir le produit de son maigre travail et de ses gains plus ou moins légitimes.

Son trésor ne verra le jour qu'au moment où le *maître de l'heure* (Mouley Essaâh), qu'il attend toujours, lui donnera le signal de la révolte, de l'incendie et du massacre des infidèles.

Pour les musulmans, le jour de la délivrance est certain, et ils ajoutent une foi d'autant plus complète aux prédictions qui le lui promettent que, bien des années avant l'occupation de l'Algérie, la conquête avait été annoncée d'une façon précise : voici, en effet, en quels termes s'était exprimé à cet égard Sidi-El-Akhedar.

Traduction tirée de l'Étude sur l'insurrection du Dhara, par le capitaine Richard.

« Leur arrivée est certaine dans le 1er du 90e, car, « par la puissance de Dieu, je suis instruit de l'af- « faire.

« Les troupes des chrétiens viendront de toutes « parts.

« Les montagnes et les villes se rétréciront pour « nous.

« Ils viendront avec des armées de toutes parts.

« Fantassins et cavaliers, ils traverseront la mer.

« Ils descendront sur la plage avec des troupes, « semblables à un incendie violent, à une étincelle « volante.

« Les troupes des chrétiens viendront du côté de « leur pays.

« Certes ce sera un royaume puissant qui les en- « verra.

« En vérité, tout le pays de *France* viendra.

« Tu n'auras pas de repos, et ta cause ne sera pas « victorieuse.

« Ils arriveront tous comme un torrent pendant une
« nuit obscure, comme un nuage de sable poussé par
« les vents.

« Ils entreront *par la muraille orientale.*

« Tu verras les chrétiens venir tous dans des vais-
« seaux.

« Les églises des chrétiens s'élèveront, la chose
« est certaine. Là, tu les verras répandre leur doc-
« trine.

« Si tu veux trouver protection, va dans la terre de
« Kaïrouan, si les troupes des chrétiens s'avancent,
« et c'est chose certaine. Et cela après l'expédition des
« chrétiens contre Alger, ils reviendront à elle et se
« répandront de nouveau. Ils domineront ses Arabes
« par l'ordre tout-puissant de Dieu ; les filles du pays
« seront en leur pouvoir.

« Après eux paraîtra le puissant de la montagne
« d'or ; il règnera plusieurs années, selon que Dieu
« voudra et ordonnera. De tous côtés, les lieux ha-
« bités seront dans l'angoisse, de l'Orient à l'Occi-
« dent. En vérité, si tu vis, tu verras tout cela. »

Bien d'autres prédictions de même nature pourraient
être reproduites.

Pour dominer l'Arabe, il n'est qu'un moyen en dehors des influences religieuses : être avant tout juste
et sévère.

Ne vous inquiétez pas si, oui ou non, il vous aime,
et n'essayez même pas de gagner ses sympathies : ce
serait courir après l'impossible.

Faites-vous craindre par votre force, par votre fer-
meté inébranlable, par une sévérité jamais entachée
de faiblesse, mais fondée toujours.

Faites surtout respecter votre caractère par une honnêteté scrupuleuse et un esprit de justice indiscutable.

L'Arabe n'est sensible qu'au respect et à la crainte; mais si vous lui inspirez ces sentiments, ils suffiront pour le soumettre à vos lois et à votre volonté, jusqu'au jour où, avec l'assistance de ses docteurs, vous aurez amolli ou vaincu son fanatisme.

Soyez généreux à propos. Éblouissez les Arabes par un faste souvent nécessaire, pour que ces natures ignorantes aient une juste idée de votre supériorité.

Restreignez la puissance des chefs indigènes : Ce sont eux, et non nos chefs français qui indisposent, de parti pris, leurs compatriotes dans certaines circonstances critiques. Ces chefs sont les drapeaux vivants autour desquels, le moment venu, se grouperaient les fanatiques et les mécontents.

En outre, et quels que soient les bienfaits dont vous les combliez, ils vous trahiront le plus souvent. Et ceux que vous aurez le plus favorisés deviendront vos plus cruels ennemis, précisément parce qu'ils auront plus à se faire pardonner de leurs coreligionnaires et que leur contact avec les chrétiens les aura plus compromis et affichés.

De sorte que, sauf quelques exceptions que l'on doit reconnaître, les voyages que les Arabes font en Europe les éloignent davantage de la civilisation. En général, revenus dans leurs foyers, ils se montrent plus intolérants, afin d'éloigner de l'esprit de leurs coreligionnaires le soupçon que leur foi aurait pu être ébranlée par un frottement plus immédiat avec les infidèles.

Relevez, par tous les moyens possibles, le prestige des Français, militaires et colons.

L'Arabe doit être constamment placé, vis-à-vis du colon, dans une situation rationnelle d'infériorité, jusqu'au jour où, par des sentiments meilleurs, par des progrès réels dans ses travaux agricoles ou industriels, il se serait rendu digne d'être traité à l'égal du peuple conquérant et civilisateur qui a élevé si haut la gloire et la richesse de la France.

Si nous ne sortons pas de notre impasse administrative, de notre mobilité désastreuse et de nos faux systèmes, jamais un gouvernement chrétien ne sera franchement reconnu ni accepté par le musulman, et si nous continuons à accorder à ce dernier les droits d'un citoyen français, il n'en remplira jamais les devoirs.

Aujourd'hui, à l'étranger, tout Arabe algérien, s'il est riche et indépendant, renie sans hésiter le Gouvernement français. Il ne se présente devant aucune chancellerie comme sujet français. La protection française, ainsi qu'on le voit journellement à Constantinople, au Maroc, à Tunis et en Égypte, n'est réclamée que par ceux qui ont à se soustraire à des vexations ou à de mauvaises affaires.

Je le répète, l'Arabe est plus sensible à la crainte qu'aux bienfaits ; il est incapable d'affection pour nous, incapable de reconnaissance. Et il en sera ainsi aussi longtemps que nous n'aurons pas agi sur les causes mêmes de cette antipathie invétérée.

Lorsque nos bienfaits ne sont pas un marché, un calcul ou un échange de bons procédés, il ne les attribue qu'à la faiblesse ou à la peur.

Ce malheureux peuple a tellement l'habitude de l'oppression, qu'il n'accorde aucune considération à ceux qui ne l'oppriment point. Si vous n'usez et n'abusez de la force envers lui, il vous croit impuissant. Je ne suis pas battu, se dit-il, on a donc peur de moi, et c'est moi qui dois battre! De là ces fréquentes révoltes des Arabes qui éclatent sans cause apparente. La cause seconde, elle est dans notre infatigable bonté, dans leur ingratitude invincible; la cause première dans leurs préjugés et leur ignorance.

Quelle nation plus que l'Espagne se montra généreuse envers ce peuple réfractaire? Parcourez la côte d'Afrique, depuis le Maroc jusqu'à Tripoli, vous y verrez les traces positives de tout ce qu'elle a fait pour lui : barrages, aqueducs, routes, fortifications, partout des constructions immenses et coûteuses, remontant au règne de Charles-Quint. Dans les campagnes, de considérables plantations d'oliviers qui font encore la prospérité des plus riches provinces ; dans les villes, toutes les traditions des industries espagnoles. Auprès de ces souvenirs imposants de l'occupation d'un grand peuple, existe-t-il un seul témoignage de gratitude? Il y a quelques années, sur un point très-connu du littoral africain, on pouvait voir une pyramide construite avec les crânes des derniers compagnons de Charles-Quint et attestant la haine vouée aux chrétiens par le fanatisme musulman. Un prince arabe, intelligent, a fait disparaître ce monument barbare. Et les Romains, dont les monuments ont couvert le sol algérien de vestiges qui rappellent leur domination bienfaisante, quels souvenirs ont-ils laissés à ces populations? Un nom : Roumi! qui, dans leur bouche, est l'injure la plus grossière, la plus forte de leur vocabulaire si riche cependant.

Mais l'Europe semble ignorer tout ce que ce fanatisme recèle de haine contre les chrétiens ; voire même les chrétiens couronnés. Elle oublie et méconnaît les leçons de l'histoire.

M. de la Haye, ambassadeur de France à Constantinople, annonçant au grand vizir la prise d'Arras par les armes de Louis XIV, ne reçut-il pas de Mohammed Pacha la réponse suivante :

« Qu'importe que le chien dévore le porc, ou que le porc dévore le chien ? »

Dans une relation arabe d'une expédition des Espagnols contre Alger, l'auteur musulman raconte que le général en chef ayant été fait prisonnier, l'Espagne offrit au Divan une somme considérable pour sa rançon, mais que le Cheraâ (tribunal religieux), consulté pour savoir s'il fallait accepter ou refuser, répondit négativement. Le général espagnol fut massacré et son cadavre jeté dans un puits. L'écrivain arabe, pénétré d'admiration pour cette conduite si édifiante du Divan, s'écrie dans son enthousiasme : « Non, Dieu ne laisse pas ces bonnes actions sans récompense ! »

Muley Mohammed, empereur du Maroc, refuse à Louis XVI, à l'arrière petit-fils de Louis XIV, le titre de Sultan qu'il ne marchandait point à de simples chefs de tribus, « parce qu'il ne sait pas, dit-il, si Dieu « confirmerait ce titre dans l'autre vie au roi de France ; « mais Muley Mohammed sera enchanté de l'appeler « Ré, pseudonyme de *Râï*, qui signifie pâtre en « arabe ! »

Mohammed Saïd Waheil Effendi, ambassadeur de

la Porte auprès de Napoléon Ier, rend compte de son voyage en Europe ; il parle de nos usages avec le plus suprême dédain ; il dit entre autres choses, à propos des grandes soirées suivies de soupers où il y a affluence de dames : Elles s'asseoient autour de la table et les hommes se trouvent debout derrière elles. Et l'ambassadeur turc ajoute :

« On voit alors ces derniers attacher un regard avide « sur les mains de ces dames, comme des chiens affa- « més regardant le morceau de viande suspendu au « croc d'un boucher ; si elles ont pitié de ces malheu- « reux, elles leur passent une bouchée dont ils s'em- « parent et qu'ils dévorent ; si elles ne leur donnent « rien, à jeun ils sont venus, à jeun ils s'en retour- « neront. »

Un mahométan qui a habité une ville d'Europe et qui l'a quittée, ne manquera jamais de lui laisser ce souhait pour adieu : qu'Allah anéantisse les chrétiens de cette ville maudite et y fasse fleurir l'islamisme !

N'avez-vous jamais été témoin, dans les cités barbaresques, de la stekka (coups de savate) administrée par des Maures à des Hébreux ? « Pourquoi me maltraites-tu ainsi ? dit l'israélite à son bourreau. — Et toi, répond le Maure, de quoi te plains-tu ? Tu sais bien que la stekka est un lot, un héritage dévolu à ta secte. » — (Secte de Ch...)

N'avez-vous jamais entendu pousser ce cri au milieu de la foule : « Faites place au musulman ! » (*Ouasa Etthenié lil meslêmîn.*)

Quand un musulman vous a dit : *Ana Muslim*, je suis musulman, il croit que tout doit céder à cette parole sacramentelle. C'est pour lui, le : *Sum civis Romanus.*

En tête de presque toutes les pièces arabes, vous rencontrez cette formule, protestation stéréotypée contre nos croyances : « *Louanges à Dieu l'unique !* non à Dieu en trois personnes. » Puis, vous lisez plus bas : « A Dieu, dont la grandeur défie toute assimilation ! »

Ces pièces se terminent souvent aussi par cette autre formule équivoque : « Salut à celui qui suit la voie droite ! » ou bien : « Salut à celui qui le mérite ! »

Ces sentiments de mépris et de haine entretenus avec tant d'obstination par les musulmans contre les non-musulmans nous font craindre que nous ne parvenions jamais à leur faire accepter notre domination, quelque paternelle qu'elle soit à l'égard des Algériens, si nous ne recourons pas à une politique plus efficace.

N'oublions pas que Ferdinand et Isabelle rencontrèrent chez les mahométans de l'intérieur un tel esprit d'hostilité et de rébellion qu'ils se virent forcés de les bannir d'Espagne.

Si les mahométans pouvaient ressaisir jamais leur pouvoir, on verrait sans aucun doute se renouveler la course et l'esclavage.

Nous ne devons pas perdre de vue que, pour les Arabes, la douceur n'est que de la faiblesse. *Sévérité* et *justice*, la solution est, quant à présent, dans ces deux mots.

Il est à remarquer ici que, dans la langue turque, *Javouz* signifie tout ensemble bon et cruel ; que l'expression persane *Khoun-Khiar*, par laquelle on désigne le sultan, signifie littéralement : verseur de sang ; que Mahomet était surnommé le prophète du sabre, *Nébius-sîf*, et qu'enfin, lorsque les Arabes parlent d'un prince dont l'administration est paternelle, ils disent qu'il a le bâton doux (léîn elasa), et quelques jurisconsultes musulmans, qui craignent sans doute que les sujets (Raya, troupeaux), n'abusent de la bonté du prince, lui recommandent de ne pas tenir le bâton trop éloigné du dos de ses sujets.

Pour s'assurer la soumission d'un peuple encore barbare, on fait ainsi appel à tout ce qui est le plus capable d'inspirer la terreur, et des images où figurent sans cesse le bâton, le glaive et le sang, paraissent seules propres à maintenir cette soumission aveugle.

C'est à l'emploi de ces moyens cruels que les Turcs semblent avoir recouru pendant les trois cents années de leur domination en Algérie. On connaît le proverbe : traiter de Turc à More!

Le même lien de fanatisme réunit tous les musulmans, sans exception, contre tout ce qui est chrétien. Turcs ou Arabes, Africains ou Asiatiques, ils sont musulmans ; la même doctrine les coalisera toujours sous le drapeau du Prophète dans une guerre sainte contre les polythéistes : leur religion ne les exhorte-t-elle pas à les tuer partout où ils pourront le faire impunément ?

Les Turcs auraient été très-certainement incapables de maintenir le Tell avec 12,000 hommes, si ce lien religieux du fanatisme n'avait soutenu leur domination, en dépit des nuances qui séparent leur rite *Hanefi* du rite arabe *Maleki*.

Que de fois, quand le peuple vaincu menaçait de se soulever contre ses maîtres, il suffisait à ceux-ci d'organiser des expéditions maritimes contre les vaisseaux parcourant la Méditerranée et de pousser le cri de guerre du fanatisme contre les chrétiens pour apaiser tous les mouvements de l'intérieur et donner une autre issue aux colères arabes.

Les variantes qui existent entre les quatre imans fondateurs des quatre rites orthodoxes ne constituent point un schisme. Elles ne touchent qu'à différents points relatifs à la morale, au culte extérieur et à l'administration publique.

Au reste, ces docteurs sont complétement d'accord sur la partie dogmatique de la religion musulmane, et c'est pour cela que leurs ouvrages, en général, sont réputés être d'une égale orthodoxie, et qu'ils permettent à leurs adhérents de se conformer, chacun en particulier, aux prescriptions de son iman respectif.

Les musulmans des quatre rites peuvent, en conséquence, faire la purification, la prière et d'autres actes, selon les statuts de leurs chefs religieux. Toutefois, cette faculté cesse dès qu'il s'agit du culte public, le rite dominant de l'iman Azam Abou Hanefi.

Les schiïtes ne reconnaissent de droit au califat que chez les descendants d'Ali. C'est pourquoi ils considèrent les trois califes qui ont succédé à Mahomed, c'est-à-dire Abou-Beker, Omar et Osman, comme des usurpateurs.

Les schiïtes sont les protestants de l'islamisme.

Le schisme qui existe entre eux et les musulmans orthodoxes dits sunnites (ce sont ceux qui ont accepté l'ordre de succession des califes, justifié par les événements), ce schisme, disons-nous, a fait couler des torrents de sang en Orient. Il a causé la chute du califat sous Abdoullah VII. En 1258, Moustâadham, attaqué dans Bagdad par Holagu, qui commandait 200,000 Tartares, ayant été fait prisonnier, fut enveloppé dans un feutre, promené sur un âne et enfin étouffé. Un million d'hommes périt à la suite de cette invasion des Tartares. Cet Abdoullah VII était, bien entendu, orthodoxe; il avait été trahi par son ministre, qui était schiïte.

Tamerlan était schiïte. Les Persans sont schiïtes; ils sont en horreur aux Turcs.

Ce fut dans le seizième siècle, sous le schah Ismaël, fondateur de la maison des Sophis, que se réveilla la secte des schiïtes, laquelle avait été, pour ainsi dire, ensevelie sous les ruines du califat.

Selim Ier s'efforça de l'abattre, et il écrivit, à cette occasion, au schah Ismaël, pour l'engager à abjurer sa croyance impie, une lettre presque aussi curieuse dans son genre que celle de l'empereur du Maroc à la cour de Versailles.

Selim II, surnommé le Cruel, fit massacrer 40,000 schiïtes.

Il projetait également une Saint-Barthélemy de chrétiens, mais le scheik Ul-Islam l'en dissuada en lui disant qu'il y a plus de mérite à tuer un seul Persan que soixante-dix chrétiens.

Ces souvenirs rapides, empruntés à l'histoire musulmane, suffisent pour démontrer que les schiïtes ne représentent qu'une faible, très-faible portion de la population musulmane, et que ce n'est pas sur ces protestants arabes qu'il faut compter pour opérer une réforme dans l'islamisme.

Du reste, les schiïtes sont encore plus fanatiques que les sunnites. Un Persan considère le chrétien comme impur ; il ne boit plus dans un verre qui a servi à un chrétien, il ne peut même se servir de sa vaisselle.

Ces souvenirs attestent malheureusement aussi que le fanatisme des peuples orientaux est le même aujourd'hui que le fanatisme cruel et impitoyable de leurs ancêtres.

Nous ne désespérons pourtant pas de l'avenir, ni au point de vue de la civilisation arabe, comme nous le montrerons bientôt, ni, moins encore, au point de vue de la prospérité algérienne.

Nous sommes de ceux qui ont la foi la plus entière dans les destinées de cette Afrique fécondée, assimilée au prix de tant de sang, d'argent et de sueurs, et qui n'attend qu'une administration rationnelle et un système arrêté. Nous ne comprendrions pas qu'on proposât jamais, qu'on pût songer même à proposer l'abandon d'une si admirable colonie, placée providentiellement à nos portes, alors que les autres nations de l'Europe ont les leurs au bout du monde.

Et c'est précisément parce que nous croyons possible d'entrer dans une voie meilleure ; c'est également parce que nous jugeons nécessaire de recourir à un autre système, ou, pour mieux parler, à une autre conduite, afin de triompher du fanatisme musulman ; c'est pour cela que nous ne nous lasserons pas de dire, de répéter que nous devons, pour le moment, limiter les bienfaits de la France envers les Arabes, à leur garantir une administration juste et sévère. Toute concession nouvelle aux Arabes, ayant d'autre but que de les maintenir dans la soumission, constituerait un sacrifice en pure perte.

Nous revenons à dessein sur ces deux mots : *Sévérité* et *justice*.

C'est qu'avec les Arabes il faut être juste, rigoureusement juste, pour la récompense comme pour le châtiment.

L'Arabe ne pratique point la justice; mais il la comprend, il la vénère. Primitif, ignorant, ankilosé moralement en quelque sorte par le LIVRE et surtout par les commentaires du LIVRE, l'Arabe est assurément encore un être inférieur à l'Européen ; mais il a, comme nous, la conscience du bien et du mal. Lorsqu'il est coupable, il le sait ; et quelles que soient ses dénégations et ses plaintes, il supportera sa peine sans en conserver de ressentiment contre ses juges; si, au contraire, il est châtié sans motif, il se révolte, s'il le peut; et, s'il ne le peut point, son esprit dérouté nourrira des sentiments de haine et de vengeance indestructibles.

Être juste! tel est donc le mot pratique, et tel devrait être le mot d'ordre de nos agents en Afrique. Ce mot d'ordre, si élémentaire qu'il paraisse, est peut-être aussi le seul capable, dans l'état provisoire où nous sommes, de satisfaire les opinions et de répondre aux difficultés.

Honorer et affectionner les Arabes, c'est dangereux; les régénérer ne peut être l'œuvre d'un jour, et quant à les exterminer, c'est odieux, impossible et chimérique. Or, s'il n'y a rien à espérer *aujourd'hui* du musulman, il y a quelque chose à faire de l'Arabe, et c'est ici que notre responsabilité commence.

Soyons donc justes pour eux et pour nous. Acceptons-les tels qu'ils sont. Soyons leur providence, mais sachons utiliser au profit de nos possessions leurs bras vigoureux et leur rude tempérament ; qu'ils vivent, mais qu'ils se nourrissent. Et s'ils nous obligent à des frais, qu'ils les payent.

Tolérons leur Coran, mais sans l'encourager. Qu'ils entretiennent leurs mosquées, et si elles tombent en ruines qu'ils les rebâtissent de leurs deniers, leur loi religieuse même l'exige. Mais, suivant les principes de justice dont nous ne devons jamais nous départir, et qui nous donnent le droit de revendiquer aux Arabes les terres dont ils ne sont pas légitimes propriétaires, ne touchons pas aux biens *Habous* inaliénables, destinés à la reconstruction et à l'entretien des mosquées leur appartenant à titre de fondations religieuses; rendons-leur ceux dont l'État aurait pu s'emparer. Comme nous l'avons promis à ces populations en prenant possession de l'Algérie, respectons la religion musulmane et n'entravons en rien l'exercice de leur culte, mais laissons à leur charge, comme le veut leur religion, les frais de leur culte.

Soyons surtout et toujours charitables pour les pauvres. La charité est un article de foi pour les musulmans ; et ici la bonté, la mansuétude française ne risquent pas de se fourvoyer. Mais soyons très-sobres d'aumônes pour les *ulémas* et les *santons*.

Prêtons notre concours le plus éclairé à l'éducation de la jeunesse indigène, sans toutefois espérer étouffer, au moins pour les premières générations, le fanatisme religieux. Nous prenons, en effet, des enfants dans nos colléges pour leur inculquer les principes des nations civilisées, sans tenir compte que ces mêmes enfants, avant d'entrer dans nos lycées, ont sucé dans leurs familles et dans leurs douars, sous l'inspiration du Thaleb, des sentiments de haine contre nous, sentiments qui s'affaiblissent tout d'abord au contact des Européens, mais qui reparaissent plus forts et plus impitoyables encore à leur retour dans leurs douars, où ils reprennent en même temps leur burnous et leur fanatisme. N'essayons donc pas de les convertir à notre religion, cela serait insensé. Mais ne négligeons aucun soin pour adoucir leur caractère et leur croyance; pour leur apprendre surtout à distinguer les rapports de l'homme avec Dieu, des rapports de l'homme avec les hommes; c'est-à-dire pour les accoutumer à nous considérer comme des Français et point comme des infidèles, et à supprimer enfin de leur esprit cette fatale distinction des croyances qui leur fait se préoccuper, avant tout, dans les affaires de la vie, si l'homme qn'ils ont devant eux est un musulman ou un non musulman.

Alors, en attendant qu'un effort plus radical, plus fondamental transforme cette race, l'agriculture, le commerce, l'industrie pourront rapprocher les intérêts, seule communauté qu'il soit possible d'établir jusqu'à nouvel ordre entre les chrétiens et les musulmans.

Il est une illusion étrange aussi, c'est de croire que nos bienfaits, toujours stériles, toujours méconnus bien qu'incessamment renouvelés, aux douze ou quinze cent mille Arabes de l'Algérie (je ne parle point des Kabyles, qui sont un peuple à part), ramèneraient à nous par l'exemple et gagneraient à la civilisation, par une sorte de prosélytisme, les quinze millions de mahométans qui peuplent tout le littoral africain de la

Méditerranée. Il faut avoir le courage de renoncer à une semblable espérance.

En supposant même, avant qu'on l'eût transformée, que la population arabe de l'Algérie fût sensible à nos bienfaits et devînt reconnaissante (1), il suffirait que les nécessités d'une guerre extérieure nous contraignissent à dégarnir l'Algérie de troupes, pour que le vieil esprit musulman explosionnât. A un signal parti de Constantinople ou de la Mecque, le fanatisme prendrait feu comme une traînée de poudre, brûlerait et détruirait nos établissements, massacrerait sans pitié les Français et les Européens. Et l'on verrait les scheikhs, les marabouts à la tête de ces dévastations, de ces pillages, de ces égorgements, comme on les y voyait après la rupture du traité de la Tafna.

N'oublions pas, non plus, que les Arabes qui peuplent le littoral, au nombre de 12 à 15 millions, ne composent guère que la vingtième partie du monde musulman.

Si donc l'influence que nous pourrions acquérir après de longs efforts sur nos 1,500,000 Arabes algériens ne réagissait que d'une manière bien contestable sur la population du littoral dix fois plus nombreuse, à plus forte raison serait-elle complétement nulle sur les 300 millions de mahométans environ qui sont répandus dans les régions orientales.

Ce serait donc là une illusion. Dans le monde musulman, l'Algérie n'occupe qu'une place imperceptible.

Mais au contraire tous les musulmans de la Tur-

---

(1) Cette première partie a été écrite avant la guerre de 1870.

quie, de l'Asie, de l'Afrique, quelque peu notables par le rang, la position, la fortune, la piété ou la science, accourent à la Mecque au moins une fois dans leur vie. Ils tiennent à honneur, pour leur considération en ce monde et pour leur salut dans l'autre, d'accomplir le pieux pèlerinage à la Ville Sainte. Mais, qui l'ignore? c'est pour y aiguiser leur fanatisme, pour y fortifier leurs préjugés contre les chrétiens. En un mot, c'est trop souvent pour y aller chercher les mots d'ordre transmis de Constantinople.

De la Mecque partent les émissaires musulmans des sociétés secrètes, avec mission de souffler le désordre là où les intérêts de l'islamisme sont en péril et où la révolte a des chances de succès.

Comment espérer dans ces conditions qu'une colonie restreinte, sous la protection d'un camp français, puisse, non pas seulement pousser de profondes racines dans un royaume arabe tout imbu de traditions réfractaires, mais encore réagir, dans son isolement géographique, sur ces 300 millions d'âmes mahométanes que comptent l'Afrique, l'Asie et la Turquie d'Europe?

N'est-ce pas là un rêve?

Nous avons vu déjà le peu de fruit que les Arabes ont retiré de l'occupation espagnole.

Mais sommes-nous beaucoup plus heureux que les Espagnols?

Après plus de quarante années de victoires, de labeurs incessants, d'efforts administratifs de toute espèce, où en sommes-nous en Algérie?

Nous, contemporains et témoins de la conquête, nous pouvons en juger, nous pouvons répondre.

Nous avons suivi au jour le jour, en quelque sorte, les épreuves, trop souvent sanglantes, toujours onéreuses, qui remplissent ces quarante années d'occupation. Eh bien! demandons-nous ce que nous avons obtenu des Arabes. Et ce passé, qui est pour nous une expérience vivante et personnelle, ne nous servirait point d'enseignement dans l'avenir?

Depuis la prise d'Alger, nous avons accablé les Arabes de bienfaits; ces bienfaits, accumulés par les vainqueurs en faveur des vaincus, paraîtront surtout immenses, si nous comparons la position que nous leur avons faite à celle où ils étaient réduits sous les Turcs.

Alors ils étaient pauvres, misérables, tantôt livrés à leurs guerres intestines et à leurs vendettes, tantôt dépouillés par d'impudentes exactions, sans pouvoir tirer le moindre parti de leurs ressources agricoles.

La France a respecté leurs mœurs, leur religion, leurs préjugés mêmes; ils n'en ont été ni émus, ni touchés.

La France les a secondés moralement et matériellement de toutes les façons, par des fermes modèles, par des routes, par l'apport de capitaux abondants, par des établissements spéciaux d'instruction où leur étaient offerts, avec prodigalité et munificence, tous les secours, tous les encouragements et tous les enseignements; ils n'en ont jamais profité; ils n'en savent aucun gré à la France.

Ou plutôt, de tant de millions et de milliards enfouis dans cette terre ingrate, ils ont su conserver ce qui les a enrichis, sans abandonner les dehors de la misère, par l'effet d'une politique sordide en rapport avec leur caractère et avec leur avarice inintelligente et traditionnelle.

Car ils sont d'aussi mauvais consommateurs que de tristes producteurs.

Les burnous qui les couvrent ont servi à leurs pères et ils les légueront à leurs fils comme un témoignage de leur lésinerie. L'argent qu'ils gagnent, au lieu de servir l'industrie et le commerce par les échanges, est complétement retiré de la circulation : c'est un capital mort pour le pays qu'il devrait vivifier.

Et nous les avons vus, nous les voyons sans cesse, en dépit, à cause même de notre administration paternelle, se soulever toutes les fois que leurs marabouts croient l'occasion propice pour exciter des révoltes et prêcher l'expulsion des étrangers infidèles.

Après quarante années d'occupation française, leur intelligence et leurs sentiments sont restés stationnaires : ils n'ont pas avancé d'un degré dans la civilisation. Et cependant tous les systèmes, quelqu'en désaccord qu'ils aient pu se trouver avec les actes, ont eu cela de commun qu'ils ont lutté de mansuétude paternelle, de bonté patiente ; ils ont été unanimes sur ce point : oublier les fautes et les ingratitudes, faire et refaire du bien, toujours, et quand même, à ces Arabes pétrifiés.

Nés et élevés parmi nous, sous notre domination humaine et chrétienne, leurs enfants nous combattent comme nous ont combattus leurs ancêtres, comme nous combattrons leurs enfants.

Aucun des exemples donnés par nos industrieux et courageux colons ne leur a servi.

Leurs terres sont aussi mal cultivées, leurs troupeaux aussi mal soignés, aussi mal nourris qu'au premier jour de notre conquête. Du reste, nous pouvons aisément nous rendre compte de la nature improgressive, de l'esprit rétrograde, du tempérament inerte des Arabes : il nous suffit de comparer leurs cultures et leurs élevages aux domaines et aux fermes des colons.

Les vastes mais stériles et mornes régions qu'ils occupent, leur négligence, leur malpropreté, le défaut d'entente de leurs campements forment un contraste visible avec les centres où apparaissent le génie, la prévoyance et le labeur des Européens.

Un seul fait : En 1830, nous nous rappelons avoir parcouru la Mitidja. C'était alors une plaine marécageuse et dangereuse, où régnaient des fièvres pestilentielles, où n'habitaient que des animaux sauvages, où se réfugiaient des troupes de bandits. Aujourd'hui, et partout où elle a été défrichée par les mains européennes, la Mitidja ne le cède point en richesse aux plus beaux territoires agricoles de la France.

DEUXIÈME PARTIE

On serait fondé à croire, si on a lu les considérations qui précèdent, que nous condamnons le peuple arabe, de l'Algérie en particulier, et les peuples musulmans en général, à une déchéance fatale et irrémédiable.

Il n'en est rien. Nous croyons fermement, au contraire, que les Arabes peuvent se réconcilier avec la civilisation européenne. Mais nous avons en même temps l'intime conviction que cette conquête morale n'a jamais été tentée par les moyens auxquels on aurait dû recourir.

Ce n'est pas le musulman, créature raisonnable sortie des mains de Dieu comme tous ses enfants, ce n'est pas lui qui est fatalement inféodé au fanatisme. Non, c'est le fanatisme qui s'empare de lui à sa naissance et qui dresse un obstacle infranchissable entre la civilisation et lui.

Si le Coran est l'obstacle, pourquoi l'obstacle ne serait-il pas levé par le Coran?

On a adressé jusqu'ici aux musulmans des appels à la civilisation, au nom des sentiments les plus nobles et les plus généreux assurément, sans néanmoins se rendre compte que tout ce qui émane directement des Européens leur est suspect; qu'ils n'y veulent voir que des tentatives de prosélytisme, ou, nous jugeant d'après eux-mêmes, des arrière-pensées qui leur sont odieuses. Pour les amener à la civilisation, il faut donc s'effacer, il faut tourner la difficulté pour la vaincre, et confier entièrement cette tâche à ceux mêmes qui parlent leur langue, qui partagent leurs idées, qui ont leurs coutumes et qui professent leur culte.

Nous n'entendons d'ailleurs pas refuser à ces peuples des qualités essentielles : en première ligne le courage, signe des races fortes.

Nous avons vu des princes musulmans marcher résolûment dans la voie des réformes, et n'aboutir, comme Mahmoud et Méhémet-Ali, qu'à des entreprises qui avortaient dès que les réformateurs avaient disparu. — Vouloir civiliser était bien, et c'est leur titre d'honneur aux yeux de la postérité ; mais vouloir civiliser à l'européenne, voilà la faute.

Égarés par leurs bonnes intentions, ils avaient cru devoir emprunter aux Européens les éléments de la régénération que la Providence avait placés dans leurs mains propres et tout près d'eux, sans qu'ils parussent le soupçonner : grave erreur que nous commettons tous les jours ; cercle vicieux dans lequel ont tourné tous leurs émules.

Au mahométisme donc, cause et seule cause du mal, il faut essayer d'opposer un mahométisme tolérant ; à des commentateurs exaltés par les idées de l'époque où ils sont nés, des commentateurs raisonnables ; en un mot, ce sont les autorités religieuses de l'islamisme qui peuvent seules réagir contre les maux qu'elles ont causés, contre l'ignorance qu'elles ont entretenue, contre le fanatisme qui est leur ouvrage.

Nous avons connu, nous connaissons encore un

grand nombre d'Arabes éclairés, intelligents, dotés de vertus éminentes, animés du véritable désir d'élever le niveau moral de leurs coreligionnaires. Ils sont riches et puissants, et leurs aspirations, leurs connaissances tranchent singulièrement sur l'ignorance profonde des masses, et ils désespèrent à jamais de les convertir aux idées civilisatrices.

Pourquoi désespèrent-ils? Parce qu'ils ne songent qu'à des procédés purement chrétiens, exclusivement européens, qu'ils savent être d'une application impossible sur des coreligionnaires saturés de préjugés, d'idées fausses et de sentiments sauvages.

Il y a donc même, et surtout chez les hommes les plus profondément religieux appartenant à l'islamisme, des individualités qui voudraient initier les peuples arabes à la civilisation, et qui né jugent pas que nos progrès moraux et matériels soient incompatibles avec la foi musulmane.

C'est qu'en réalité, c'est beaucoup moins la religion musulmane que les interprétations fanatiques dont les peuples orientaux sont imbus, et qu'on leur a fait sucer avec le lait, ce sont ces interprétations cruelles, inhumaines, antisociales du Coran, plus que le Coran lui-même, qui les voue à une haine indomptable contre les chrétiens et les Européens.

Or, et cela est trop vrai, ce fanatisme est soigneusement entretenu, habilement attisé de génération en génération par le clergé musulman, jaloux d'une autorité et d'une prépondérance qui n'ont d'autre garantie que ce fanatisme même, sans lequel il ne pourrait éterniser l'ignorance et l'aveuglement des populations.

Pour se faire une idée de ces excitations sauvages,

il faudrait entendre leurs prédications et lire leurs ouvrages.

Rien ne peut rendre la violence de leur langage ni l'amertume de leur mépris contre les chrétiens. Cela dépasse en férocité de paroles tout ce qu'une oreille européenne peut imaginer. Et ces prédications se font au nom du Coran et de Mahomet!

Si donc l'obstacle anticivilisateur est dans le clergé musulman, pourquoi, dès-lors, n'a-t-on jamais songé à agir sur le clergé musulman?

Pourquoi n'a-t-on jamais tenté de transformer l'obstacle? et pourquoi ne s'être jamais demandé si l'obstacle ne pourrait se transformer en un levier providentiel?

Le mal traditionnel, le mal séculaire, gît dans le clergé musulman.

C'est le clergé musulman qu'il faut commencer par modifier; c'est lui seul qui peut et doit devenir l'instrument de la transition et l'initiateur de la civilisation mahométane.

Pour ramener à nous ces peuples musulmans, toute tentative en dehors du Coran et de ses docteurs et commentateurs serait vaine, illusoire ou folle.

Et ainsi s'expliquent non pas seulement la regrettable stérilité de nos sacrifices pour nous attacher les Arabes algériens, mais les insurmontables difficultés auxquelles se sont heurtés en Asie, en Afrique, en Turquie, les quelques princes qui avaient travaillé à la civilisation musulmane *avec des éléments chrétiens.*

Ce sont des éléments musulmans qui doivent, sous peine d'avortement obligé, concourir, — et concourir seuls, — à civiliser les populations musulmanes.

Ce n'est pas là un paradoxe.

C'est une vérité providentielle qui projette, nous en avons la conviction, un jour nouveau sur l'avenir de ces masses ignorantes, fondues dans le même moule et jusqu'ici déshéritées de toute chance de régénération par les fatales interprétations de leur livre religieux.

Si nous savons donc qu'il est beaucoup de musulmans aspirant à la régénération de leur race, tous ceux qui ont étudié le Coran savent aussi que le Coran se prête à une interprétation intelligente et sociale, conforme au droit des gens et à la morale universelle, toute autre, par conséquent, que celle qu'on lui a donnée à des époques de barbarie déjà bien loin de nous, mais dont les traditions ont été perpétuées.

Comme tous les livres religieux, comme les Védas des brahmanes, comme le Cho-King et le Tchoug-Yong de Confucius, le Coran contient, en effet, beaucoup de prescriptions de tolérance, de maximes de modération, de préceptes de charité.

Les germes civilisateurs ne manquent donc pas dans les pages mêmes de ce Coran, où les populations musulmanes se sont imprégnées de fanatisme séculaire.

La solution du problème est dans une interprétation humaine et pratique du Coran.

Serait-il donc impossible de faire proclamer cette interprétation par une assemblée religieuse, sorte de concile musulman?

Composé des principaux ulémas et docteurs de l'islamisme, avec l'adhésion, l'appui, la délégation des souverains orientaux, que ne pourrait-on attendre et espérer d'un pareil concile! Ce serait, pour ainsi parler, l'assemblée constituante de l'islamisme moderne.

Un coup d'œil rapide jeté sur le Coran et sur certaines interprétations qui honorent divers de ses commentateurs, prouve que cette entreprise est possible et qu'il ne faut jamais désespérer de la régénération d'un peuple, ni des desseins de la Providence.

On lit dans le Coran, chapitre II, *La Vache*, 59me verset :

« Certes, ceux qui croient et qui suivent la religion
« juive, ainsi que les chrétiens et les sabéens, en un
« mot, quiconque croit en Dieu et au jour dernier, et
« qui aura fait le bien, tous ceux-là recevront une ré-
« compense de leur Seigneur, la crainte ne descendra
« pas sur eux et ils ne seront pas affligés. »

Ce verset remarquable, et il en est beaucoup d'autres ayant ce caractère, suffirait à lui seul pour servir de base à une réconciliation et à une entente entre l'Orient et l'Occident.

Aussi ce verset du Prophète a-t-il été de tout temps le désespoir des docteurs fanatiques de l'Islam. Ils n'ont cessé, de siècle en siècle, de publier que ledit verset avait été abrogé par beaucoup d'autres passages du Coran, et notamment par le verset 79 du chapitre III, où il est dit que les sectateurs de l'Islam seuls seront sauvés.

Mais le texte de Mahomet existe; il est formel, et si la généralité des anciens docteurs s'est efforcée de le discréditer, de le considérer comme une lettre morte, c'est une raison de plus pour en appeler à une nouvelle interprétation émanée des docteurs musulmans de tous les pays de l'Islam.

Le sentiment des anciens docteurs auxquels on peut opposer celui des commentateurs tolérants n'est pas un dogme.

Chacun des chapitres du Coran marque une étape dans la vie guerrière du Prophète et se ressent des événements qui l'ont inspiré.

Il convient de rappeler aussi que Mahomet ne dirigeait pas spécialement le Coran contre les chrétiens et les israélites, il avait surtout en vue les sabéens et les idolâtres qu'il voulait réunir en un seul culte.

Le fanatisme des commentateurs a affecté d'appliquer aux nations chrétiennes les malédictions que Mahomet consacrait et prodiguait surtout aux athées et aux idolâtres.

Les nouveaux docteurs de la religion musulmane seraient donc autorisés à redresser sur ce point les préjugés et les haines de leurs coreligionnaires, et à leur faire comprendre enfin que les interprétations anciennes ne constituent pas des articles de foi, qu'elles ont, au contraire, faussé la loi du Prophète.

Le verset 59 du chapitre II ouvre donc la porte à toutes les tentatives réconciliatrices.

Si le sultan, le khédive d'Égypte, l'empereur du Maroc, le bey de Tunisie, si tous les princes musulmans, avec leurs cheiks et leurs ulémas, agissaient de commun accord, sans qu'il se manifestât en cette circonstance suprême même l'apparence d'une pression européenne, si cette entente avait lieu sans éclat, sans démonstrations bruyantes, avec un sincère et véritable désir de bien faire, on arriverait certainement, avec cet appui décisif du clergé, à adopter une nouvelle interprétation, une meilleure application du

Coran basée sur toutes les idées de tolérance, de morale, de charité universelle qui y sont répandues. Nul doute que de ce grand acte religieux il ne sortît les plus heureux, les plus immenses résultats pour la transformation de la société musulmane.

Ce concile serait, pour les mahométans, ce que celui de Nicée fut pour les premiers chrétiens ; il fixerait la doctrine de l'Islam, tant de fois détournée de son véritable sens par une infinité de commentaires contradictoires et funestes.

Ce concile découvrirait dans le Coran plus d'un texte, non assurément plus favorable que le 59e verset du chapitre II, mais conçu également dans un esprit de charité et de confraternité humaines, aux heures relativement plus calmes où Mahomet, victorieux, ne voyait plus que des coreligionnaires futurs dans ses ennemis de la veille.

Tous ces textes démontrent que le Coran n'est pas incompatible par lui-même avec la morale chrétienne, et qu'il n'a été rendu tel que par de farouches commentateurs.

Dans les versets 11, 12, 85, 176, 191 du chapitre II, Mahomet flétrit l'hypocrisie, recommande la bienveillance mutuelle entre les hommes et le pardon des injures.

Dans le même chapitre, verset 257, il interdit la violence en matière de religion, et il promet le ciel à ceux qui croient en Dieu et qui ne sacrifient point aux idoles.

Au chapitre VI, verset 161, il promet une récompense à toutes les bonnes œuvres, il menace d'un châtiment toutes les mauvaises actions.

Le chapitre X offre des encouragements d'une grande éloquence aux bons, et contient des menaces terribles contre les méchants.

Au chapitre XLI, verset 34, le Prophète s'écrie : « Rends le bien pour le mal. »

Au chapitre V, versets 50 et 51, il consacre à l'Évangile chrétien les remarquables paroles qui suivent, et qu'il met dans la bouche de Dieu :

« Sur les pas des autres prophètes, nous avons en-
« voyé Jésus, fils de Marie, pour confirmer le Penta-
« teuque et la lumière. Nous lui avons donné l'Évan-
« gile qui contient la direction et la lumière, il con-
« firme le Pentateuque; il contient aussi la direction
« et l'avertissement pour ceux qui craignent Dieu.
« Les gens de l'Évangile jugeront suivant l'Évan-
« gile, *ceux qui ne jugent pas d'après un livre de Dieu,*
« *sont des infidèles.* »

Ces versets 50 et 51, du chapitre V, prouvent d'une manière irrécusable que Mahomet ne considérait pas les chrétiens comme ses ennemis.

Voici d'autres citations saillantes. On y aperçoit, comme dans les précédentes, un reflet du christianisme :

Chapitre III, verset 109 : « Tous ceux qui ont reçu
« les Écritures ne se ressemblent pas : il en est dont
« le cœur est droit. Ils passent des nuits entières à
« réciter les enseignements de Dieu et à l'adorer. »

... Verset 110 : « Ils croient en Dieu et au jour der-
« nier; ils ordonnent le bien et défendent le mal; ils
« courent vers les bonnes œuvres, à l'envi les uns
« des autres, et ils sont vertueux. »

Verset 3 : « Quelque bien que vous fassiez, vous ne

« serez pas frustrés de la récompense. Dieu connaît
« ceux qui le craignent. »

Chapitres XXXIX, verset 12 : « L'homme pieux
« qui passe sa vie à adorer Dieu serait-il traité comme
« l'impie? Dis : Ceux qui savent et ceux qui ignorent
« seront-ils traités de la même manière? Que les
« hommes doués de sens réfléchissent. »

Chapitres IX, verset 4 : « *Les idolâtres* avec qui nous
« avons fait la paix et qui ne l'ont point violée ni
« prêté à personne aucun secours contre vous, gardez
« fidèlement envers eux les engagements contractés
« pendant la durée de leur traité. Dieu aime ceux qui
« le craignent. »

Dans d'autres passages, Mahomet prescrit à ses sectateurs de ne jamais violer les serments, même ceux
qu'on a faits à *des idolâtres*, et l'on sait que pour ceux-
là il est impitoyable.

Il a dit aussi aux vaincus de l'avenir, dans le chapitre VII, verset 32, et chapitre LVII, verset 22 :
« Chaque nation a son terme; quand leur terme est
« arrivé, les hommes ne sauraient ni le reculer ni
« l'avancer. Aucune calamité ne frappe soit la terre,
« soit vos personnes, qui n'ait été écrite dans le Livre
« (du destin), avant que nous ne les ayons créées. C'é-
« tait facile à Dieu. »

Dans son Coran, Mahomet désigne et distingue très-
fréquemment trois espèces d'hommes :

1° Les sectateurs;

2° Tous les hommes pieux, à quelque culte qu'ils
appartiennent;

3° Et les impies ne croyant à rien.

C'est contre ces derniers qu'il épuise ses malédictions; ce sont les seuls, à proprement parler, pour lesquels il soit toujours sans pitié ni miséricorde.

Si donc Mahomet a eu pour but évident de constituer une race homogène avec son évangile sanguinaire, il est évident aussi que le Coran est riche en conseils de morale et même de tolérance. Implacable pour les ennemis du jour présent, il était plein de promesses de pardon et de réconciliation pour l'avenir.

Au chapitre V, verset 81, il dit en toutes lettres : « Oh! gens du *Livre*, ne soyez pas fanatiques ! »

Si trop de commentateurs cruels et aveugles ont déshonoré la religion musulmane, elle a eu, cependant aussi, de nombreux et sages interprètes sur qui pourront toujours s'appuyer les Musulmans raisonnables.

Dans le livre intitulé Allou-el-Manthour, abrégé de la politique de Tartouchi, on cite le mot de Mahomet : « Il est deux catégories d'hommes qui n'obtiendront « pas mon intercession : *Les souverains tyrans et les* « *hommes fanatiques.* »

L'iman El-Siouti, le plus grand savant du monde musulman, prêche la tolérance dans tous ses ouvrages.

Abou-Beker, premier calife, appelait les chrétiens : Mes frères !

Il paraissait à Paris, deux fois par mois, un journal intitulé *l'Aigle* (Birgys), écrit moitié en arabe moitié en français, et rédigé par un musulman: M. Soliman-al-Haraïri, notaire de Tunis. Ce journal, qui n'était pas assez remarqué par la presse parisienne, était répandu dans la société musulmane en Turquie, en Afrique, en Asie, et ne cessait de prêcher la tolérance et le progrès.

Dans chaque numéro du *Birgys*, l'honorable et

savant M. Soliman anathématisait le fanatisme, et
bien qu'excellent et fidèle observateur de sa religion,
il ne craignait pas de s'exposer à la haine et aux atta-
ques de ses coreligionnaires. Il accusait surtout les
ulémas de l'ignorance où ils laissent croupir les populations dont ils avaïent la direction spirituelle.

Lors des derniers et lamentables massacres qui ont
eu lieu en Syrie, M. Soliman-al-Haraïii a publié une
brochure adressée aux Arabes pour blâmer la conduite
de ses coreligionnaires d'Orient envers les chrétiens.

Nous ne pouvons nous refuser d'en extraire les
passages suivants, du plus haut intérêt pour la thèse
que nous exposons :

« Au nom de Dieu clément et miséricordieux, louange
à Dieu, digne de toute louange, arbitre et principe
de toutes choses. Entrons en matière. Celui qui prend
la parole, c'est Soliman Ben-Ali-al-Haraïri. Des trou-
bles lamentables viennent de se passer en Orient
entre les chrétiens et leurs ennemis; il s'en est suivi
la destruction des villes avec la mort ou la ruine des
habitants. Les disciples du Coran ont en cela agi
contrairement à leurs lois, tandis qu'il se trouve beaucoup d'ignorants qui prétendent au contraire s'être
conformés à ses préceptes et avoir fait une chose
agréable à Dieu. — Si la loi prescrit de combattre
contre les membres d'une autre religion, c'est en temps
de guerre, non en temps de paix; et sont exceptés les
sujets et les alliés.

« La tradition (khadith) renferme cet enseignement:
« Que celui qui voit le désordre le corrige par sa main
« s'il ne peut pas par sa langue, s'il ne peut pas par

« son cœur (Moulsem et autres.) » Il est donc de notre devoir de composer ce traité pour réveiller les musulmans de leur somnolence et leur faire connaître l'enseignement de Dieu dans cette question, afin de mettre un terme à de regrettables désordres ou d'en prévenir la répétition. Notre guide, c'est la tradition, et les plus grands docteurs, ses organes et ses interprètes ; nos dispositions, l'amour de la vérité et le désir de la présenter avec impartialité.

L'injustice est proscrite par toutes les religions et par les lois de tous les pays. *D'après la religion musulmane, faire du tort à un membre d'une autre religion, c'est pire que si c'était envers un musulman.* On lit dans un ouvrage d'Abou-Douard que Mahomet disait : « Celui qui fait du tort à quelqu'un d'une autre « religion, allié ou sujet, ou l'insulte, ou le charge « au-dessus de ses forces, ou lui enlève quelque chose « contre son consentement, celui-là m'aura pour adver- « saire au jour du jugement. »

« Ednou Hajar, dans son livre intitulé *Ez-Zaougir*, rapporte ces paroles : « *Quiconque tue un allié ou un* « *sujet appartenant à une religion différente ne sentira* « *pas l'odeur du Paradis, etc., etc.* »

« L'auteur du traité : *Fadila-El-Salawat Echcherifat* (prières nobles), dit : « Malheur à celui dont l'interces- « seur deviendra l'adversaire. » Et il ajoute, d'après le livre *El-Motakath :* « Si un musulman ravit le bien de « quelqu'un d'une autre religion, il sera puni au jour « dernier, car il s'approprie injustement ce qui ne lui « appartient pas, *et on n'a pas à espérer le pardon de la* « *part d'un homme d'une autre religion, comme de* « *la part d'un coreligionnaire; l'accusation f·ite par*

« *lui sera plus forte que faite par un musulman.* C'est
« par une raison semblable qu'il est dit : L'accusation
« de la part d'un homme sera moins terrible que de la
« part d'un animal qui aura été frappé injustement ou
« frappé sur le museau pour une faute, ou chargé au-
« dessus de ses forces, ou auquel on aura négligé de
« donner à manger ou à boire. — Il n'y a pas moyen
« de le satisfaire ni d'obtenir son pardon comme si
« c'était un être raisonnable. »

On lit dans le livre d'Eb-Nouhajar : « Dans la caté-
« gorie des grands péchés, le 346ᵉ c'est l'injustice des
« souverains, de leurs agents, du cadi et autres au-
« torités envers un musulman ou un membre d'une
« autre religion, comme manger leur bien, les frapper
« injustement, les insulter, etc. »

« Après ces témoignages, comment les ignorants
peuvent-ils se permettre de dépouiller les chrétiens
et de leur couper la tête? *Et comment les oulémas,
témoins de ces désordres, ne les empêchent-ils pas et
n'enseignent-ils pas la loi de Dieu à leurs coreligionnaires?* Dans le livre des traditions d'Annasi, il est
dit : « *Les individus ou les peuples qui ne s'opposent pas
« au mal dont ils sont témoins recevront le châtiment de
« Dieu avec les auteurs du mal.* » On lit dans le Coran :
« Dieu a fait un contrat avec les gens du Livre; ils ne
« le reçoivent qu'à la condition de l'enseigner aux
« autres et de ne pas le tenir caché. » (sourate III, 184).
*Les oulémas, en laissant les croyants dans l'ignorance
de ce qu'ils doivent savoir, prévariquent.* Maltraiter les
chrétiens malgré la défense de la loi, c'est détruire
sa maison par ses propres mains. De plus, il est défendu d'agir avec arrogance envers eux. On lit dans

le Coran : « Ne discute qu'en termes convenables avec
« ceux qui ont un Livre révélé. » (sourate -XXIX, 45).
C'est un précepte qu'il convient d'observer surtout
dans ce temps où les musulmans sont les plus faibles.
La loi prescrit même d'agir avec générosité avec les
membres d'une religion différente, de visiter leurs
malades, et ne défend pas de lier amitié avec eux.
On lit dans le livre El-Haoüi de l'iman El-Siouti, le
plus grand savant du monde musulman, parmi les
questions qui lui étaient venues de Takrour : « Est-il
« permis de faire échange de cadeaux avec quelqu'un
« d'une autre religion, et d'établir des relations d'a-
« mitié avec lui? Réponse : Oui. » Le jurisconsulte Abou
Lleth dit, dans son ouvrage Alboutan : « Il n'est pas
« défendu à un musulman d'avoir des relations avec un
« membre d'une autre religion, ni de le visiter s'il
« tombe malade. Mahomet a visité un malade juif.

« Dieu ne vous défend pas d'établir des relations
« avec ceux qui ne vous combattent pas pour vous
« faire changer de religion, ou ne vous ont pas
« chassés de vos foyers; agissez avec générosité et
« avec équité envers eux. Dieu aime les hommes
« équitables. » (sourate LX, 8).

« Beidaoui raconte dans son commentaire du Coran :
« La fille d'Abd-El-Ousa allait visiter sa fille Asma
« chez Aboubeker et lui apportait des cadeaux.
« Comme la mère était païenne, la fille ne voulait
« pas la recevoir. C'est à cette occasion que ce verset
« fut révélé à Mahomet. »

« C'est immédiatement après ce verset que vient
celui dont on abuse, parce qu'on ne tient pas compte
de la différence de circonstances : mais « Dieu vous

« défend d'avoir des relations avec ceux qui vous
« combattent pour vous faire changer de religion,
« qui vous ont chassés ou cherchent à vous chasser
« de vos foyers. »

« Il incombe aux souverains d'inviter les oulémas à
donner aux croyants des explications exactes sur la
loi; c'est à eux de diriger les affaires de leurs États
sans rien négliger de ce qui est utile à leurs gouvernements et à leurs sujets; au dernier jour, ils
auront à rendre compte sur ce point de leur administration. Il est écrit dans la tradition : « Chacun de
« vous est berger, et chacun de vous sera examiné
« dans sa conduite avec son troupeau. » Elnou-Hajar,
dans son traité Ezzaougir, rapporte ces paroles de
la tradition transmises par Ahmed, fondateur de la
secte orthodoxe des Hambali : « Tout homme qui aura
« été chargé de diriger dix personnes ou plus paraî-
« tra, au jour du jugement, devant Dieu, la main
« attachée au cou. La main ne sera détachée que si le
« justiciable a accompli son devoir. »

On ne saurait trop louer les sentiments exprimés
dans les lignes qui précèdent par leur honorable auteur.

Nous nous rappelons aussi avoir lu un mémoire remarquable en faveur de l'émancipation des esclaves
de l'Amérique dû au général de division Hussein, ex-
président de la municipalité de Tunis, mémoire où les
idées les plus libérales, les plus humaines, nous ne
craignons pas d'ajouter les plus chrétiennes, feraient
honneur à mistress Harriet Beecher-Stowe.

Un grand nombre de musulmans éclairés représentent également en Orient, comme M. le général

Hussein, les tendances progressives et tolérantes de l'Europe contemporaine. On a vu quelle impression avait produite en Europe l'ouvrage remarquable de M. le général Khérédine, ministre dirigeant de la Tunisie.

Ce sont là assurément de précieux symptômes de la possibilité d'une transformation pacifique de la société mahométane et de son vieil esprit, de ses préjugés caduques et de son fanatisme séculaire.

Mouradja d'Hosson, diplomate et écrivain distingué, né à Constantinople, Arménien, appartenant à une communion qu'on ne saurait accuser de partialité en faveur des mahométans, a dit et écrit : « Qu'il suffirait « d'un seul prince intelligent, capable et animé du « désir sincère de régénérer sa nation, pour changer « entièrement la face de l'empire ottoman. »

Et, à l'appui de ce témoignage si peu suspect de Mouradja d'Hosson, il y aurait déni de justice à ne pas tenir compte des efforts même infructueux de Mahmoud et de Méhémet-Ali ; de la loi somptuaire promulguée par le premier et proscrivant la robe turque pour y substituer le costume européen ; de l'abolition du turban, signe de la nationalité mahométane, sorte de cocarde symbolique et séculaire. C'est en frémissant que les vieux Turcs se laissèrent dépouiller de cet emblème qui était une protestation permanente contre la civilisation occidentale. Et le sultan Mahmoud fit beaucoup assurément en violentant et maîtrisant ici les préjugés et les coutumes de son peuple.

On ne saurait nier, non plus, que diverses améliorations n'aient été introduites depuis un demi-siècle dans le système politique et économique, administratif et financier des États mahométans, en Turquie, en Égypte, où s'est accompli le miracle du percement de l'isthme de Suez; à Tunis, où nous voyons le bey et les ministres plus libéraux que leurs sujets; et même au Maroc où, soit dit en passant, le système de Makhzen est en pleine vigueur, et dont le fonctionnement pourrait nous servir d'exemple.

A Fez et à Tanger, les hommes les plus importants de la régence, les ministres marocains eux-mêmes proclament hautement que le fanatisme ne pourrait à lui seul produire une insurrection en Algérie. « Le musulman qui se révolte chez vous, disent-ils, « ne peut-être qu'un *fou* ou qu'un *exaspéré*, s'il n'est « entraîné de force par des exaspérés ou des fous. »

Certes, il ne faudrait se fier qu'à moitié à cette parole, mais nous la recueillons comme une manifestation qui a sa valeur dans la question.

Ces faits, beaucoup d'autres, et surtout l'empressement sincère avec lequel le gouvernement turc s'est prêté à la réunion d'un congrès sanitaire, dans un intérêt général et social, attestent qu'il ne faut pas désespérer des musulmans, et moins encore de leurs princes et de leurs chefs.

Un congrès aussi important, sinon plus, que celui qui intéresse la santé publique, puisqu'il aurait pour but de transformer trois cents millions d'âmes, ce congrès répondrait donc à une nécessité de la situation, à des idées qui sont dans l'air.

Désespérer absolument de la race musulmane, ce serait aboutir à son extermination, c'est-à-dire à un non-sens.

Or, il suffirait d'un conclave d'ulémas pour la sauver; hors de là, nous nous agiterons dans le vide et nous tenterons vainement la conquête morale des Arabes.

Je n'hésite pas à dire plus :

Un congrès musulman serait de nature à rattacher sincèrement les ulémas à la civilisation européenne. En effet, leur indomptable résistance à nos lois et à nos mœurs provient beaucoup aussi de ce qu'elles les font trembler pour l'existence de la religion de l'Islam, et, par conséquent, pour leur fortune, leur situation, leur influence personnelle, pour leurs mosquées et pour les innombrables biens de main morte appartenant à leurs institutions religieuses.

En réconciliant le mahométisme avec l'Europe, par les décisions solennelles des souverains orientaux qu'ils auraient ainsi secondés dans cette grande œuvre civilisatrice, ils seraient certains de perpétuer leur pouvoir et leur prépondérance ; ils constitueraient en quelque sorte une église orthodoxe.

Dès lors, les ulémas n'auraient plus rien à appréhender, ni pour eux-mêmes ni pour l'avenir de l'Islam. Et les prêtres musulmans acceptés, consacrés en quelque sorte par l'Europe civilisée, à la suite du congrès réconciliateur que nous proposons, ces prêtres seraient intéressés à devenir les alliés sincères du progrès occidental et les consciencieux promoteurs de la tolérance universelle, après en avoir été, depuis Mahomet, les plus cruels et les plus acharnés adversaires.

Et la grande œuvre de la transformation de la société musulmane *serait fondée!* Le temps ferait le reste.

TROISIÈME PARTIE

———

Faire la part large à l'élément européen, tel serait le meilleur moyen de coloniser promptement et sûrement l'Algérie.

Par sa nature, l'élément arabe, s'il ne marche pas avec la civilisation par les moyens indiqués dans notre deuxième partie, est forcément destiné à disparaître de lui-même devant la civilisation. Il s'éparpillera dans les États voisins de la Tunisie et du Maroc, où les populations sont dans des proportions inférieures à celle de leur territoire, ou bien il émigrera vers le Sud-Est, dans la Tripolitaine, en Égypte, là où il trouvera des gouvernements plus appropriés à ses idées religieuses, à ses mœurs, à ses habitudes, à sa nature contemplative.

Le peuple arabe, en effet, s'il a des qualités et des vertus que je suis loin de méconnaître, n'a certainement pas celle du travail, — et surtout du travail qui exige de la suite et de la persévérance. Il vit de peu, au jour le jour. Non-seulement il ne se préoccupe point de l'avenir, mais son fatalisme lui fait une loi de le dédaigner. Lorsque la passion de la guerre ne surexcite pas son activité, il redevient inerte. S'il n'est plus aiguillonné par ces luttes sanglantes qui s'éternisent entre les tribus, si son humeur guerrière n'a plus d'aliment, il quitte aussitôt son fusil et son cheval et retombe dans son apathie invincible, comme terrassé par une puissance supérieure. Seules, ses femmes travaillent comme des esclaves. Ce sont elles qui pourvoient à tous les besoins du campement. Pourquoi se donnerait-il de la peine? Le Coran ne promet-il pas aux vrais croyants, aux sectateurs du Prophète, au détriment des infidèles, tous les biens et tous les trésors de la terre? Et cette promesse ne lui est-elle pas renouvelée, confirmée à toute heure par les fanatiques interprétateurs du *Livre?* Son rôle se borne à tracer quelques sillons sur quelques parcelles du sol exemptes de broussailles, car s'il en existait, il se garderait bien de les extirper. Puis, il répand les quelques mesures de blé nécessaires à l'alimentation de sa famille. Quelques chèvres ou quelques vaches donnent leur lait. Les moutons et les chameaux fournissent la laine, qui se file sous la tente, et avec laquelle on tisse les couvertures, les tapis, les burnous, qui se transmettent de père en fils dans les tribus. Voilà l'Arabe.

L'Arabe n'est donc pas producteur. Les terres qu'il occupe restent stériles. Il n'exerce aucune industrie, en dépit des matières premières qui l'entourent et qu'il pourrait se procurer si facilement, et alors même qu'il lui serait si aisé de s'enrichir par l'exportation de ses produits.

Mais s'il est un pauvre producteur, il est encore plus mauvais consommateur. Son seul luxe est dans les armes. Encore y est-il stationnaire. Il en est resté au fusil et au pistolet à pierre de la plus médiocre fabrication. Ses chevaux, lorsqu'ils ne paissent pas en liberté, sont nourris comme lui et les siens dans le campement, avec la même frugalité. Ses harnachements faits dans les tribus, pas plus que ses vêtements, que ses outils agricoles et ses ustensiles de ménage, ne peuvent ni devenir un objet d'exportation, ni être supplantés par l'industrie étrangère.

Telles étaient sous Jugurtha et Massinissa ces peuplades insoumises. Tels sont aujourd'hui leurs descendants. Les hordes qui ont envahi le Nord de l'Afrique, en y important la foi musulmane, l'interprétation du Coran par les marabouts, ont singulièrement aggravé les mœurs traditionnelles de la race.

Je dois faire cependant certaines réserves en faveur des Kabyles. De race différente, d'origine germaine, ils sont travailleurs et actifs. Ils ont accepté plutôt qu'épousé l'islamisme, et ils le pratiquent avec beaucoup plus de tolérance que l'Arabe.

Le peuple kabyle est apte à faire un excellent producteur, quoique condamné à rester longtemps un pauvre consommateur : son instinct, ses habitudes invétérées, le portent à enfouir son or, plutôt que d'en faire fructifier sa terre ou son industrie. Répandu sur les montagnes de l'Atlas et du Djurjura, sédentaire, tenant au sol, il est appelé sinon à se fondre, à s'assimiler avec les Européens, du moins à occuper une place utile dans la colonie; et son histoire mérite une étude spéciale.

Quant aux Arabes proprement dits, avec le caractère, le tempérament que l'on sait, ils ne sauraient occuper utilement tous les territoires qui leur ont été si malencontreusement concédés. Ainsi le colon européen s'est trouvé privé d'immenses domaines qui fussent devenus entre ses mains une source importante et croissante de prospérité. Le principe du cantonnement en leur faveur était déjà excessif; et, pourtant, exécuté avec vigueur et promptitude, il aurait été préférable : il n'eût laissé en toute propriété aux Arabes que le tiers ou le quart de ce qui leur a été octroyé. C'eût été et au delà suffisant à leurs besoins, comme l'atteste le chiffre de leur population; car ce serait une grande erreur de croire que la propriété en Algérie s'affirme exclusivement par l'occupation. La propriété y est parfaitement constituée; et ceux-là seuls y sont propriétaires qui ont leurs titres de propriété bien en règle. Toutes les autres propriétés dont on ne peut justifier par des pièces ou par des témoignages authentiques constatant une occupation séculaire et autorisée, appartiennent à l'État; et l'État peut en disposer à son gré, par conséquent y tolérer ou en déposséder les tribus qui les détiennent temporairement. Toutefois, avant de prendre une mesure aussi considérable, on aurait agi sagement au préalable en chargeant une commission d'étudier les conditions constitutives de la propriété dans les États voisins, à Tunis, au Maroc, à Tripoli même, où elle est identique à ce qu'elle était dans l'ancien royaume d'Alger.

Et l'on se plaint du peu d'initiative de nos colons! Le temps et l'espace me feraient défaut pour énumérer les preuves de courage vraiment héroïque, de persistance opiniâtre, de travail soutenu qu'ils n'ont cessé de donner. Mais leur essor a toujours été paralysé, arrêté court par le manque de terres. — Sans terres suffisantes, il leur a été interdit de s'étendre, de se

développer au grand dommage de la prospérité coloniale. N'est-ce pas une ironie, à côté de ces fermes,
de ces belles et admirables cultures auxquelles l'espace
est refusé dans la Mitidja et dans tant d'autres centres
agricoles importants, de voir des terres beaucoup plus
belles, mieux partagées, mais incultes, mais envahies
par les ronces et couvertes de broussailles ! C'est la
fécondité, la vie, la civilisation enrayées ! Les populations industrieuses doivent s'arrêter fatalement devant
ces steppes que ne cesse d'accroître l'incurie indigène.
Le fermier intelligent, le père de famille, faute de
terres, ne peut ni développer ses cultures, ni marier
ses enfants et les établir autour de lui, ni agrandir et
fortifier le cercle de ses travailleurs. Ne pouvant acquérir ni développer son œuvre, par conséquent la
perpétuer, il lui faut, pour occuper ses enfants, les
envoyer à l'aventure, travailler à la journée dans des
fermes éloignées, sinon les rembarquer pour la mère-
patrie. On voit ainsi se produire cette triste inconsé-
quence : La France avait donné des colons à l'Algérie,
et l'Algérie, faute de terres, est obligée de les rendre
à la France. Faute de terres !... Nous nous trompons.
Les terres abondent; mais elles sont, elles restent stériles entre les mains arabes ; elles manquent à l'activité française ainsi qu'aux colons étrangers.

La réserve, si bien justifiée par l'État, des plus beaux,
des plus considérables terrains, l'aurait mis à même
de faire face, au contraire, à toutes les demandes des
colons ; et elle eût assuré le peuplement sérieux de
l'Algérie par les Européens et les Asiatiques, seuls
capables de féconder un sol riche entre tous, et d'y
constituer une colonisation forte, puissante et prospère.

Il serait d'une bonne et sage administration de renoncer radicalement aux concessions gratuites. Ceux, en général, à qui on les accorde ne sont pas des travailleurs, ou, s'ils ont envie de l'être, ils n'en ont pas les moyens. Les ressources leur manquent pour cultiver et faire fructifier les terres qu'ils ont obtenues gratuitement. Il conviendrait mieux de vendre les terres, mais de les vendre comme cela se pratique en Amérique, aux prix les plus avantageux pour les colons. Acquérant de leurs deniers un lot plus ou moins important, en se réservant les fonds indispensables à son exploitation, ils tiennent d'autant plus à cette propriété. Elle leur appartient bien en propre, à titre exclusif et personnel ; et ils ont d'autant plus à cœur de la faire produire et prospérer. Ce que nous acquérons nous est plus cher que ce que l'on nous octroie. C'est dans la nature humaine. Le colon à concession gratuite, n'a généralement qu'une préoccupation : trafiquer en sous-louant ou en rétrocédant. Et après avoir dilapidé le produit de son trafic, il retombe à la charge de la colonie. C'est elle qui doit le rapatrier, lui et sa famille ; ou, ce qui est pis encore, ce mauvais agent colonial (anticolonial, devrait-on dire) s'en va grossir une population flottante, oisive, inquiète, agitée, dans un pays où tout ce qui n'est point un élément sérieux de travail devient une cause de dissolution et de perturbation.

La première préoccupation du gouvernement algérien devrait donc être de dresser un cadastre de toutes les terres de la colonie :

Soit appartenant au domaine ;

Soit abandonnées par les tribus ;

Soit confisquées par suite d'insurrection et de révolution ;

Soit, pour une cause ou pour une autre, et après sérieux examen, qu'on les ait jugées devoir faire retour à l'État.

Des bureaux parfaitement organisés à Alger, ayant des succursales dans les divers centres de l'Algérie et dans les principales villes de l'Europe, seraient mis à même de fournir des cartes exactes et des plans précis de tous les terrains disponibles et à vendre, avec leurs prix d'achat. Les colons y recevraient toutes les indications nécessaires pour pouvoir se rendre sur ces terrains par les voies les plus économiques et les plus promptes.

On éviterait ainsi le grave, l'immense inconvénient des lenteurs administratives, celui qui a le plus entravé jusqu'ici le flot des émigrants. Ils ont toujours mieux aimé entreprendre le long voyage d'Amérique sur des renseignements certains que d'aller à deux cents lieues de France, à proximité de leur lieu natal, dans un pays sain et fertile, mais où il leur faudrait affronter mille difficultés bureaucratiques. Et bien font-ils. S'ils fussent allés en Algérie après avoir épuisé leurs ressources en premiers frais d'achat de terrains et d'exploitation, ils eussent vainement sollicité des concessions. Ils auraient échoué misérablement, eux et les leurs, sur les écueils de l'incertitude administrative. Et, en fin de compte, ils se seraient trouvés réduits à la triste et cruelle ressource du rapatriement. Quelles impressions n'auraient-ils pas rapportées dans leur pays ! Combien d'exemples semblables n'ont-ils pas paralysé ceux de leurs compatriotes

qui, sans d'aussi fréquentes entraves, auraient porté
en Algérie leurs ressources, leur énergie, leur travail!
Nos belles solitudes si mal hantées, ils les eussent
peuplées, fécondées, enrichies. Qu'il faudrait peu de
chose pour que l'Algérie fût la première colonie du
monde, et qu'avec peu de chose on la rend impossible !

Le point culminant de la question de la colonisation
européenne, celui qui la domine tout entière, c'est
donc le retour à l'État des territoires octroyés avec
une si malencontreuse générosité à une population
improductive, apathique, réfractaire à toute civilisation. On a voulu, on a cru à tort relever avec cet élément la nationalité arabe, et l'on a été dupe d'une
illusion. On avait basé cette reconstruction sur deux
systèmes qui, sans être parfaits, avaient de bons
côtés l'un et l'autre, le régime militaire et l'administration civile : le premier système n'ayant en vue que
la domination française en Afrique, le second que
l'avenir, la prospérité, la fécondité croissante de nos
possessions.

Je n'ai pas la prétention de trancher une question
aussi délicate, je me réserverai seulement, dans le
cours de ces notes rapides, de proposer quelques ap-
préciations personnelles sur la valeur des deux systèmes. En attendant, qu'il me soit permis de le dire :
ce qui est notoire, avéré, c'est que les partisans aussi
bien que les adversaires exclusifs, absolus de l'un et
de l'autre, ont amené cette anomalie qui touche à
l'aberration :

Un État arabe dans une colonie française !!

Essai fatal sous tous les rapports. Sans nous concilier l'amour des populations indigènes, il n'a produit que l'absorption de la presque totalité du territoire algérien au profit d'une population insoumise, répulsive et réfractaire à tout travail. Et il a préparé, provoqué les insurrections qui devaient, *à coup sûr*, éclater au premier jour de revers de la politique française ; à coup sûr, pour qui connaît le caractère musulman, les dispositions traditionnelles de leur esprit contre les chrétiens. On pourrait peindre les Arabes d'un seul mot : vis-à-vis de la civilisation européenne, ce sont des *irréconciliables*.

Chaque jour nous a démontré les inconvénients du sénatus-consulte, surtout en ce qui touche à la répartition des terrains. Il a eu particulièrement cette triste conséquence de ravir au seul et unique élément rationel d'un travail fécond et continu : l'élément européen, la possession du meilleur des terres condamnées, entre les mains arabes, à l'inculture, à l'improductivité, à la stérilité permanente.

Il convient de le dire et le redire bien haut : ces concessions aux Arabes ont atteint des proportions exagérées au possible.

Si, pourtant, et malgré l'évidence, on ne peut ou l'on ne veut point revenir sur le sénatus-consulte, qui a causé et qui éternise de si grands maux; si l'on croit devoir conserver une loi aussi fatale à la colonisation africaine, ne pourrait-on, du moins, prendre de promptes mesures pour en affaiblir, en neutraliser les effets désastreux? Il suffirait, dans un délai plus ou moins éloigné, le moins éloigné possible en tout cas, de faciliter le retour au Domaine et aux colons d'une bonne portion de ces terres.

Ces mesures auraient le double avantage et l'inappréciable conséquence de créer de nouvelles, de vastes ressources à l'État, et d'ouvrir un champ plus étendu à l'émigration européenne en Algérie.

Il y aurait, selon moi, trois moyens d'arriver résolûment à ce résultat. Ce sont ces moyens que je vais exposer sommairement; car je n'ai ni la prétention ni la volonté de convertir personne; moins encore le désir de faire l'éducation coloniale de qui que ce soit. Je ne veux qu'indiquer des points de vue pratiques à des yeux plus perspicaces que les miens et à des lecteurs dont la compétence dans les questions algériennes équivaut à une initiative de longue date.

Voici donc, en résumé, les mesures qu'il me paraîtrait le plus urgent d'adopter et d'appliquer pour inaugurer une administration nouvelle :

1° Confiscation, en entier ou en partie, des territoires des tribus qui se révolteraient désormais; ou rachat de ces terres, aux Arabes, en échange des impôts de guerre, des taxes, des contributions qu'ils ne pourraient acquitter en argent comptant;

2° Régularisation, activement poursuivie, en propriété individuelle, de tous les terrains communaux et collectifs des tribus. Répartition sérieuse et immédiate de ces terrains entre les chefs de famille ou les individus de la même tribu ou du même centre. Ce travail accompli, il serait facile aux colons de traiter avec les propriétaires munis de leurs nouveaux titres, et ils pourraient devenir légalement et sûrement acquéreurs de leurs propriétés;

3° Faire opérer le retour à l'État de la plus grande partie possible des terrains non occupés régulièrement. Le prix de ces terrains, vendus par lots aux nouveaux colons, serait employé à la construction des nombreuses routes et des chemins de fer qui doivent sillonner l'Algérie. Dans ce but, on diviserait notre colonie africaine en trois zones principales et parallèles, seul et unique moyen d'assurer la sécurité du colon, de faciliter le peuplement successif de chaque zone, et d'opérer le transport des produits par de faciles communications d'un centre à un autre.

Les propriétaires du sol se trouvant les plus intéressés à l'ouverture des routes et à l'établissement des lignes ferrées, seront certainement disposés à y contribuer, en raison des grands avantages qu'ils en retireraient.

Nul doute alors que les Arabes ne s'empressassent d'en abandonner une grande partie en échange des capitaux demandés. Il ne faut pas oublier ici l'influence du fatalisme sur ces populations. Depuis le jour de la conquête française, ils n'ont cessé de cacher, d'enterrer leur argent « jusqu'au moment où, selon leur langage, « le maître de l'heure viendra les délivrer du joug des « infidèles, où ceux-ci seront expulsés et seront con- « traints de les laisser maîtres du sol, » ce qui est pour eux article de foi et n'admet pas le moindre doute. Ils seraient donc convaincus qu'ils font une excellente affaire en cédant à de bonnes conditions les terres qu'ils se croient certains de reprendre plus tard.

Par tous ces moyens prudemment et sagement combinés, la France récupérerait les terrains qui manquent à la culture, et l'Algérie se trouverait, sans obérer le Trésor, dotée des chemins de fer dont l'utilité et la nécessité sont manifestes.

Sous le rapport multiple des intérêts stratégiques, agricoles, commerciaux, industriels, ces chemins mettraient la population coloniale à même, dans un temps rapproché, de se suffire à elle-même pour son alimentation et pour sa défense. Ainsi la mère-patrie se trouverait affranchie de l'entretien onéreux d'une armée, et la colonie ne serait plus exposée à l'immense péril de la voir rappelée dans les moments critiques et quand elle en a le plus grand besoin pour contenir les tribus arabes.

Il conviendrait donc, avant tout, de grouper la population européenne de manière qu'elle puisse former un centre compact, homogène, et s'établir définitivement et sûrement à l'abri de toute espèce d'invasion et de révolte.

La division de l'Algérie, en trois zones distinctes, atteindrait le but.

Les zones seraient séparées par des chemins de fer parcourant parallèlement et transversalement l'Algérie dans toute sa longueur et formant deux artères centrales construites de telle sorte que chaque station pût servir au besoin de petites forteresses, de blokaus reliés les uns aux autres.

Le premier de ces chemins, après études faites sur place, traverserait le Tell, des frontières du Maroc et d'Oran jusqu'à Constantine et aux frontières de Tunis. Il protégerait efficacement et sûrement les colons qui s'établiraient entre cette ligne et la mer.

Les colons seraient certains d'être désormais à l'abri, eux, leurs familles et leurs propriétés, de l'insurrection des tribus. Ils attendraient, sans crainte, des secours ou la levée de leurs propres milices dans les fermes, dans les villages dont nous nous réservons d'indiquer les plans généraux et construits sans plus de frais que ceux qui existent aujourd'hui. Cette assurance imprimerait un essor immense à l'immigration, et la facilité qu'offrirait le rail-way pour transporter des secours sur les points attaqués nous permettrait de réduire considérablement l'effectif de l'armée d'Afrique, jusqu'au jour où les colons seraient assez nombreux pour se défendre eux-mêmes.

Ce chemin de fer vraiment vital serait établi presque entièrement avec les ressources provenant de la vente des terrains disponibles et inutilement occupés par les tribus. D'autre part, et pour atteindre un résultat plus prompt, presqu'immédiat, il serait bon d'employer le système de chemin de fer adopté sur le mont Cenis par ces habiles ingénieurs qui se sont attaqués aux obstacles jusque-là invincibles avec une si merveilleuse audace. Ils ont victorieusement démontré la sécurité, la facilité et l'économie d'un système qui simplifie et même annule la plus grande partie des travaux d'art et de nivellement. Il triompherait tout aussi aisément, sans nul doute, des chaînes de montagnes comparativement peu élevées qu'il faudra traverser pour la construction de cette première ligne.

Le second rail-way suivrait la ligne du Sud, sur la frontière du désert, depuis Mascara jusqu'à Biskra. Il servirait à défendre, à protéger la seconde zone, comprise entre les deux lignes. Se développant de plain-pied sur le versant extrême de l'Atlas, il serait facile à construire à l'instar des tram-ways américains.

Cette deuxième zone fournirait, naturellement, un déversoir au trop plein de la première. Elle serait soumise au régime militaire, contrairement à la première, qui serait complétement livrée à l'administration civile et municipale. Elle ne tarderait pas non plus à se peupler lorsque les émigrants seraient certains d'y trouver de la terre à bas prix et une sécurité absolue.

Ces deux zones domineraient, sans conteste ni protestations armées, les éléments arabes, dont la partie remuante, séditieuse, s'éparpillerait dans les royaumes voisins à l'approche de la civilisation européenne. Le restant, mieux ou moins mal disposé au travail, pourrait peut-être, à l'exemple de nos colons, seconder nos agriculteurs et devenir un personnel utile.

Cette deuxième ligne aurait l'immense avantage d'abriter complétement l'Algérie contre les tribus du Sud comprises dans la troisième zone, qui pourraient nous devenir hostiles. Elle les maintiendrait dans notre dépendance. Elle nous garantirait de bonnes relations avec ces peuplades intéressées et disposées, d'ailleurs, à vivre avec nous en bonne intelligence, en dépit des velléités de soulèvement et d'invasion de quelques chefs fanatiques et ambitieux. Maintenir sous notre domination absolue toutes les oasis échelonnées sur nos frontières et s'étendant jusqu'au grand désert, nous serait facile, sans recourir à la force des armes ni continuer le système d'intimidation qui exige un déploiement si onéreux de forces militaires.

Ce chemin de fer du Sud servirait, également et à la fois, de ligne douanière et de ligne défensive entre la deuxième et la troisième zone. Cette troisième zone doit s'étendre, entre les frontières de Tunis et de Maroc, de Mascara, Laghouat, Biscara, jusqu'aux limites les plus éloignées, vers le désert du Sahara, c'est-à-dire jusqu'à Tuggurt, Beni-Mesaab et Ouergla.

Il importe ici, pour éclairer notre plan de réorganisation et nous guider, de jeter un regard sur le passé. Sans recourir aux moyens barbares qu'employaient les anciens dominateurs du pays, nous pouvons nous inspirer de ce que leur politique et leur expérience avaient d'utile et d'efficace. Or, une poignée d'hommes leur suffisait pour maintenir les Arabes dans l'obéissance et pour imposer le respect aux populations de cette troisième zone. Le système des deys n'est donc pas à dédaigner, et il doit être particulièrement recommandé à l'attention des futurs administrateurs de l'Algérie.

Ces populations ne peuvent vivre que par leur commerce avec ce que j'appellerai les deux premières zones: c'est avec ces parties de l'Algérie qu'elles obtiennent ce qui leur est nécessaire en échange de tous les produits de leurs oasis et de toutes les provenances de l'Afrique centrale qui aboutissent chez elles, à l'exception des caravanes arrivant directement de Tombouctou et de Gadamès. C'est dans ces deux premières zones seules qu'elles peuvent se fournir de tous les produits d'Europe et de l'Algérie, utiles ou indispensables à leur consommation. Le plus impérieux de leurs besoins, on le devine, c'est de se procurer les substances alimentaires, surtout et par-dessus tout les céréales, que leur sol ne produit pas. C'est là, pour elles, une question de vie ou de mort. En dehors des céréales, en effet, elles n'ont qu'un seul moyen de se nourrir avec les dattes et le laitage; mais cette nourriture, réduite à elle-même, devient pernicieuse au bout de quelques mois, si elle n'est modifiée par un mélange de blé ou d'orge. Et si ces céréales leur étaient refusées, si elles ne pouvaient plus trouver de grains dans les parties algériennes que nous avons attribuées à notre première et à notre deuxième zone, ces populations se trouveraient cruellement atteintes et impitoyablement décimées.

Les Turcs connaissaient fort bien ces circonstances que le climat impose fatalement à ces régions déshéritées, et ils savaient en tirer le plus grand parti au profit de la tranquillité publique et de leurs meilleures relations avec les tribus du Sud, grâce aux échanges que la Régence pratiquait avec elles.

Aux débouchés des routes fréquentées par les caravanes, les Turcs avaient établi des postes formant une ligne douanière, où se trouvaient des entrepôts. Chaque caravane venant d'Algérie devait déposer dans des silos construits à cet effet tous les grains en destination pour le Sud, et ces silos étaient gardés et respectés avec le soin le plus scrupuleux. Mais chaque oasis, chaque tribu, chaque province ne pouvait y puiser et en exporter qu'une quantité déterminée, pour un délai plus ou moins long, et proportionné aux dispositions plus ou moins pacifiques des populations. Au moindre signe de mécontentement ou d'agitation de leur part, tous les dépôts de grains étaient mis sous le séquestre et l'exportation en était interdite. Elle ne pouvait être reprise que quand les tribus insurgées demandaient grâce, c'est-à-dire quand, épuisées par la famine, par la maladie, par la souffrance, elles s'avouaient l'impuissance et l'inutilité de leurs efforts.

Les Turcs, pour les soumettre, pour les réduire à

merci, n'avaient donc eu qu'à barrer les chemins et à fermer les silos, sans avoir besoin ni de troupes ni de canons.

On pourrait donc, en construisant le deuxième chemin de fer algérien, s'inspirer d'un système qui a si bien réussi autrefois dans des mains beaucoup moins fortes et moins intelligentes que les nôtres, et y trouver un puissant élément de sécurité pour la possession de la troisième zone.

Cette troisième zone ne serait pas inférieure aux deux autres, elle serait même des plus précieuses et des plus productives pour la mère-patrie, si l'on y créait un grand centre de culture pour le coton, auquel son climat convient encore mieux que celui de l'Égypte. Le coton deviendrait alors la richesse de la troisième zone, comme les céréales feraient celle de la deuxième; et comme la première devrait la sienne à la vigne, au lin, au liége, à l'indigo, au tabac, aux oliviers, ainsi qu'à tous les fruits et à toutes les productions de cette région favorisée.

Rien ne serait négligé, bien entendu, en fait de publicité sérieuse, et par des manuels spéciaux, pour signaler les avantages de ces différentes cultures propres aux pays, et pour montrer à quel avenir immense elles seraient appelées; si l'on suivait tout simplement les exemples que nous ont légués les Romains et les Espagnols, anciens et illustres occupants de ce sol fertile.

On a beaucoup attaqué le gouvernement militaire de l'Algérie, mais sans faire la juste part des services que notre armée a rendus à la colonie. On ne s'est pas rendu compte des difficultés d'une situation qui l'obligeait à faire marcher de front la soumission entière ainsi que l'administration régulière des provinces à mesure qu'elles étaient conquises. Il lui fallait gouverner et combattre. On a trop oublié l'énergie, l'activité, l'abnégation de nos braves soldats et de leurs éminents généraux. L'épée d'une main, la pioche de l'autre, ils ont préparé le vaste champ que nos colons devaient occuper plus tard. Grâce à leur dévouement opiniâtre, ces territoires sont aujourd'hui les plus salubres et les plus fertiles de l'Algérie. Qui a traversé la plaine de la Mitidja peu de temps après notre occution; qui s'est égaré alors dans des solitudes incultes, malsaines et marécageuses, fréquentées seulement par des malfaiteurs et des bêtes féroces, celui-là peut apprécier les résultats obtenus. Il admirera les travaux d'assainissement, les jetées, les ponts, les routes, les défrichements dus au concours de notre armée au profit des colons, dans cette magnifique plaine que l'on peut comparer aux plus belles cultures de la Beauce. Les villages de Bouffarick, de Beni-Mered, Rovigo, l'Arba, Bord-de-l'Eau et de tant d'autres points autrefois désolés, donnent une idée de cette transformation.

A cette tâche si difficile et si glorieuse de conquérir en même temps que de préparer la colonisation, que de jeter les premières bases des établissements destinés à devenir nos centres agricoles les plus florissants, on a voulu imposer à notre armée une mission plus ardue : celle de gouverner et d'administrer. Là, nécessairement, elle devait rencontrer d'insurmontables difficultés.

Ayant habité l'Afrique, quelques années déjà antérieurement à la conquête et connaissant le caractère de ses habitants, j'étais partisan–né du gouvernement militaire, sui tout après avoir suivi pas à pas toutes les phases de notre prise de possession. Ce qu'il décide, arrête, décrète, exécute, est plus prompt, toujours juste et dépouillé de toutes ses formes procédurières et bureaucratiques qui répugnent à ces peuples si rapprochés encore de l'état de nature. Pour l'Arabe, la justice expéditive est la meilleure et en même temps celle qui le saisit le plus. Et quelle que soit la répression, si sévère soit-elle, si elle est *juste* et faite *à propos*, il l'accepte avec résignation.

L'officier français, rompu à la discipline, habitué à l'exécution littérale des règlements et du code, généreux parce qu'il se sent fort et qu'il est animé du sentiment du devoir, est, suivant moi, plus apte que qui que ce soit à exercer le commandement. Il ne lui manquait qu'une chose pour être un excellent chef de cercle : la connaissance des hommes, des usages, de la langue, des mœurs du pays dont il était appelé à administrer une fraction plus ou moins étendue, jusqu'au jour où l'élément arabe envahi, absorbé par l'élément européen devait nécessairement, après des gradations diverses, faire place à l'élément civil. — Mais pour y arriver d'une manière normale, il aurait fallu posséder une armée coloniale où du moins un état-major d'officiers poursuivant exclusivement leur carrière en Algérie. Ils lui auraient consacré ainsi leur expérience et leur avenir. Les connaissances qu'ils y auraient acquises les eussent rendus, plus que d'autres, aptes à former une pépinière d'administrateurs d'élite lorsque, plus tard, la colonie pacifiée et peuplée par nos colons serait rentrée dans la période définitive du gouvernement civil.

Qu'est-il arrivé, qu'arrivera-t-il au contraire?

L'officier chargé de la direction d'un bureau arabe, à quelques exceptions près, est pris dans un régiment arrivant de France, ou n'ayant séjourné que peu de temps en Afrique. Il est jeune, il est intelligent, il a de l'avenir, puisqu'il est généralement choisi parmi les meilleurs de l'armée. — Et malgré nos récents désastres, je persiste à considérer notre armée comme le refuge des vertus françaises dans ce qu'elles ont de plus noble, de plus chevaleresque, de plus réellement énergique et courageux; — mais quand cet officier est installé dans ses nouvelles fonctions, de quelles difficultés n'est-il pas entouré? Ses qualités de guerrier ne suffisent pas; il faut qu'il soit légiste, juge, comptable, avoué, notaire, diplomate, greffier, justicier; en un mot qu'il soit tout. — Comme saint Louis, sous le premier arbre venu, à la porte de son gourbi, à l'ombre de sa tente, il doit rendre bonne et prompte justice à tous. Il lui faut (difficulté entre toutes), entretenir une excellente police composée d'agents dévoués et sûrs. Car il doit être toujours bien renseigné pour connaître l'état des esprits et les agissements de peuplades turbulentes et généralement mal disposées. Il doit enfin en imposer, non seulement par son attitude militaire et ses connaissances multiples, mais par une certaine représentation. Car, en Orient, pour être forte et respectée, l'autorité doit se manifester surtout par des dehors éclatants. Il faut y parler aux yeux, pour maîtriser les esprits. Le faste est un moyen de gouvernement. Ce peuple enfant et sauvage s'incline devant le pouvoir qui lui semble à la fois fort, généreux et magnifique.

Jugez si ce rôle était facile à jouer avec le mince traitement d'un lieutenant ou d'un capitaine ! Quel tour de force, d'intelligence, de droiture, d'économie pour se tenir à la hauteur de sa mission dans des conditions semblables ! Et pourtant, nos officiers français y sont parvenus. Peu, bien peu d'entre eux sont restés au-dessous de leur tâche. Sauf les méprises involontaires, les fautes dues à l'inexpérience dans les affaires si compliquées de leurs petits gouvernements, à l'ignorance de la langue (beaucoup l'ont apprise et bien apprise), dues surtout à celle des mœurs et des usages de leurs administrés, ils ont répondu à ce qu'on attendait de cette mission difficile. Ils ont admirablement rempli leurs fonctions arides et rendu des services que peuvent seuls apprécier ceux qui, comme nous, ont été témoins de leur abnégation, de leur dévouement et de leur ténacité.

Malheureusement, quand les services de ces officiers si méritants étaient les plus précieux, les plus utiles, que leur expérience était complète, que leur autorité, leur prestige était à leur apogée dans les provinces confiées à leur administration, au moment où ils commençaient à comprendre les besoins, à défendre les intérêts de leurs administrés, où leur éducation était faite, en un mot, ils étaient brusquement rappelés dans la mère-patrie pour recevoir la récompense de leurs travaux ou pour exercer d'autres devoirs. Faute immense que les Anglais, les Hollandais ont rarement commise !

Les cercles, les bureaux arabes retombaient alors

au pouvoir d'un nouvel officier animé, comme son prédécesseur, d'excellentes intentions, mais condamné au même apprentissage, aux mêmes écoles, aux mêmes épreuves des débuts, avant d'avoir conquis la même sûreté de coup d'œil, la même pratique, la même prépondérance. Et les administrés se trouvaient, ainsi et toujours, jetés et rejetés dans cette étrange et anxieuse situation d'esprit : appréciant les efforts intelligents et progressifs des nouveaux venus, et sans cesse regrettant des chefs expérimentés et rompus aux affaires coloniales!

Pour tous ces motifs, et sous la réserve de rentrer plus tard dans chacune des questions qui exigeront un plus large développement, je conclurai en signalant les suivantes à l'attention des hommes compétents qui ont déjà éclairé de si vives lumières le problème algérien :

1° Accorder fort peu ou point de confiance, et jusqu'à nouvel ordre, à l'élément arabe, — incapable, dans l'état actuel de l'esprit musulman, avec son fanatisme, avec les excitations et les tendances des commentateurs du Coran, — incapable, dis-je, de s'assimiler ni même d'apporter un concours utile à l'élément colonial.

2° Rechercher, toutefois, les moyens de faire rentrer l'islamisme dans le concert des idées européennes et de le faire marcher de front avec les autres cultes, vers les idées de civilisation et de progrès. Pour atteindre ce but, amener les ulémas à une sincère, une bonne interprétation du Coran; et les conquérir à la tolérance, par l'intervention des princes musulmans eux-mêmes, les plus éclairés, et par l'intervention de la diplomatie européenne.

3° Nécessité de rendre à l'élément européen la plus grande partie des terres occupées aujourd'hui par les Arabes.

4° Nécessité, non moins capitale, de peupler l'Algérie d'Européens ou d'Asiatiques non musulmans. Dans ce but, établir un cadastre et mettre en vente, à la disposition des émigrants, le plus de terres possible, c'est-à-dire le plus de terres disponibles possible.

5° Assurer aux colons, par l'établissement des zones, la sécurité la plus parfaite, et, par l'établissement des rail-ways et des routes qui en sont le corollaire, la circulation indispensable aux exigences de leur commerce et de leur industrie, ainsi qu'au transport de leurs produits. Établir pour chaque zone le gouvernement qui lui convient, c'est-à-dire le gouvernement civil pour la première zone, qui se trouverait dès lors promptement livrée à l'immigration européenne ; et le gouvernement militaire dans les deuxième et troisième zones, avec un corps d'officiers qui seraient exclusivement consacrés à l'Afrique et qui y feraient leur carrière spéciale.

Pour compléter cette organisation, renoncer à l'enrôlement des indigènes dans les bataillons de *Turkos*. En effet, pourquoi discipliner ces hommes, qui seront toujours nos ennemis, et leur donner la science militaire qu'ils pourront retourner contre nous? S'en servir, en Algérie, contre leurs frères, c'est être cruel ; les employer, en Europe, dans nos guerres, c'est être imprudent. Pour eux, combattre en Europe, c'est tuer des chrétiens, c'est la guerre sainte (Djihêd).

Sous tous les points de vue donc, l'enrôlement des musulmans dans notre armée est impolitique. C'est une des grandes erreurs commises et que nous devons réparer en dissolvant, petit à petit et avec toutes les précautions nécessaires, ces bataillons de turkos composés d'hommes braves, mais qui pourraient devenir dangereux pour notre colonie.

Malgré les efforts les plus sincères, les plus héroïques toujours, mais les plus contradictoires, par conséquent et trop souvent les plus infructueux, la colonisation africaine a été enrayée.

Un système normal appliqué avec patience, avec suite, ferait bientôt de l'Algérie la première colonie du monde, la plus riche d'entre les plus riches, et capable à elle seule de dédommager la France des désastres matériels et financiers qu'elle subit.

Je crois bonnes et pratiques les idées que j'ai émises dans ce Mémoire, au courant de la plume. Elles m'ont été inspirées, suggérées par mon affection pour la terre africaine, ma sollicitude constante pour les colons, mon admiration pour notre armée, — surtout par un patriotisme ému et convaincu.

A ces divers titres, je les soumets humblement, mais avec confiance, aux amis compétents de l'Algérie.

FIN

TABLE DES MATIÈRES

PARIS. — IMPRIMERIE A. POUGIN, 13, QUAI VOLTAIRE. — 4130.

www.ingramcontent.com/pod-product-compliance
Lightning Source LLC
Chambersburg PA
CBHW070915280326
41934CB00008B/1734